우리 아이 첫 음악 수업

우리 아이 첫 음악 수업

현직 교사들이 알려주는
부모가 알아야 할 음악교육의 모든 것

이준권 · 정지훈 지음

"선생님 저 이제 피아노 안 쳐요! 그만뒀어요."

초등학교 교육 현장에 있다 보면 다양한 음악적 경험과 성향을 가진 친구들을 만나볼 수 있습니다. 음악을 쉽고 빠르게 배우는 친구들부터 천천히 성장을 보이는 친구들까지 다양하지요. 하지만 도중에 음악을 그만두는 친구들도 정말 많이 보게 됩니다.

"싫어서요. 진짜 하기 싫어요! 생각만 해도 지긋지긋해요."

대체 무엇이 '음악'을 저렇게까지 싫게 만들었을까? 교육자로서, 음악을 누구보다 사랑하는 사람으로서 정말 안타까웠습니다.

요즘 대다수의 학부모들은 자녀 음악교육에 대한 관심이 많습니다. 음악교육이 우리 아이의 삶을 다채롭고 풍요롭게 만든다는 사실을 공감하기 때문이겠지요. 하지만 현실은 어떤가요? 성급한 기대, 불안한 악기 진도, 연습 시간 때문에 아이와 기싸움을 벌이는 학부모들을 쉽게 볼 수 있습니다.

"너 오늘도 연습 제대로 안 할 거면 그만둬!"

저도 어렸을 때 동네 피아노 학원에 들어가 바이엘, 체르니 과정을 거치며 피아노를 배웠습니다. 피아노의 선율은 정말 좋아했지만 학원 진도에 쫓겨 피아노를 배웠던 일은 그리 좋은 기억으로 남아 있지 않습니다. 오히려 아무도 방해하지 않는 집에서 낡은 업라이트 피아노를 치는 게 훨씬 행복했습니다. 아마도 자유로운 연주를 통해 진정으로 음악을 즐길 수 있었기 때문이겠지요. 결국 답은, 우리 아이들이 재미있게 즐길 수 있는 음악교육에 있습니다.

음악 전공자로서의 험난한 길을 걸어야만 음악적 즐거움과 성취를 느낄 수 있는 것은 아닙니다. 정말 쉬운 곡을 연주하더라도, 즐겁게 음악을 표현해보고 어울림을 찾는 시간 속에서 아이는 행복과 자유로움을 충분히 만끽할 수 있습니다.

우리 아이의 음악교육에 있어 절대적인 답은 없습니다. 하지만 올바른 교육 방향은 분명 있습니다.

이 책은 우리 아이들의 음악교육과 관련한 수많은 취재와 연구를 통해 얻게 된 부분, 전반적으로 부모님들이 진짜 궁금해하는 자녀 음악교육 방법 등을 쉽게 안내해드리고자 만든 책입니다. 이 책이 아이들의 음악교육 방향을 잡는 데 자그마한 도움이 되기를 바랍니다.

2021년 봄, 대전에서
정지훈

여는 글 2

이 책은 아이들로부터 탄생했습니다.

　이 책이 출판되어 많이 팔린다면 저는 행복할 것입니다. 하지만 단한 권도 팔리지 않는다 해도 저는 행복할 것입니다. 이 책은 저의 제자들과 네 명의 아이들을 음악으로 행복하게 키우기 위해 쓴 책이기 때문입니다.

　"아빠, 책 다 썼어?"

　책을 쓰는 동안 큰딸은 몇 번이고 이렇게 물어봤습니다. 네 아이를 키우며 책을 쓰는 일은 결코 쉽지 않았습니다. 책 쓰는 동안 저를 따라다니며 커피숍에서 시간을 보냈던 아이들, 스스로 악기 연습, 책 읽기, 그림 그리기를 하며 잘 자라고 버텨준 아이들에게 미안하고 고마운 마음을 전합니다.

　저는 예전부터 아내에게 음악교육과 관련된 책을 쓰고 싶다고 입버릇처럼 말했습니다. 하지만 아내가 어떤 책을 쓰고 싶은지 물어봤을 때에는 "음, 그러니까, 음악 이론과 음악교육자로서 경험한 내용?" 하고 뭉뚱그려 대답했지요.

음악교육을 전공하고 15년 동안 초등학교에서 음악을 지도했지만, 답답한 음악 이론 책, 일기 같은 에세이는 쓰고 싶지 않았습니다. 스스로의 발전에도 도움이 되지 않고, 누구에게도 도움이 될 것 같지 않았죠.

큰딸이 조금 컸을 무렵, 이제 음악이라는 친구를 만들어주어야겠다고 결심했습니다. 그날 인터넷과 서점에 있는 음악교육 관련 책들을 검색했습니다. 자녀 음악교육에 대한 구체적인 노하우가 녹아 있는 책을 상상하며 말이지요. 하지만 그런 책은 없었습니다. 가장 비슷하다고 생각되는 책을 몇 권 읽어보았습니다. 그러나 외국의 음악교육 학자나 유명 음악가가 집필한 책이었기에, 거리감이 느껴지고 마음에 와닿지 않았습니다. 그때 이미 저는 마음속으로 이 책을 쓰기 시작했는지 모릅니다.

초등학교에서 음악 수업을 진행하고 오케스트라를 지도하며 부딪친 고민들 그리고 학부모님들의 질문들, 네 아이들을 음악으로 행복하게 키우기 위해 탐구했던 각종 자료들과 고민들……. 이 모든 것들이 모여 한 권의 책이 되었습니다.

음악교육을 한다고 해서 모든 아이가 행복해지는 것은 아닙니다. 음악교육을 한다고 해서 모든 아이가 성공하는 삶을 사는 것은 아닙니다. 음악교육을 한다고 해서 아이가 갑자기 똑똑해지는 것은 아닙니다. 음악교육을 한다고 해서 아이가 좋은 직업을 갖는 것은 아닙니다.

하지만 우리 아이가 음악과 친구가 된다면, 음악이 주는 위로를 받을 수 있습니다. 끈기, 인내, 꾸준함을 배워서 노력하는 삶을 살게 됩니다. 다양한 문제 상황에 직면했을 때, 창의적으로 해결하는 법을 배우게 됩니다. 다방면에 호기심을 가지는 아이로 자라납니다.

음악은, 삶을 훨씬 풍성하게 합니다.

혜령, 혜린, 강훈, 성훈아! 이 책은 너희로부터 나온 거란다. 언제 어디에서 무엇을 하든지 음악이라는 든든한 친구를 옆에 두고, 행복이라는 음표를 마음에 새기렴.

2021년 봄, 공주에서

이준권

차례

여는 글 5

1부. 우리 아이 음악교육 어떻게 시작할까

01. 우리 아이 음악성 첫 단추, 어떻게 끼우는가 15

02. 언어를 배울 때처럼 시작하기 21

03. 모국어 교육을 접목한 스즈키 메소드 29

04. 엄마의 노래가 더 좋은 이유 37

05. 지금 우리 아이에게 필요한 음악놀이 45

06. 아이에게 좋은 예술 동요를 소개합니다 55

07. 우리 아이와 함께 음악회에 가요 67

2부. 우리 아이의 숨겨진 음악재능 발견하기

08. 주변에서 다들 음악적 재능은 '타고난다'던데 75

09. 절대음감은 상대음감보다 좋을까 83

10. 우리 아이의 귀는 아홉 살에 완성된다 89

11. 똑똑하면 음악을 잘하는 걸까, 음악을 배우면 똑똑해지는 걸까 93

12. 요요마에게서 배우는, 우리 아이 음악 재능 깨우는 법 101

13. 음치인 우리 아이 어떻게 하면 좋을까 107

3부. 우리 아이에게 꼭 맞는 악기 고르기

14. 90%가 실패하는 악기 선택 115

15. 아이가 배우기 쉬운 악기는 있다? 없다? 121

16. 프로 연주자님, 우리 아이에게 악기를 소개해주세요 129

17. 우리 아이의 악기 선택, 그것이 알고 싶다! 159

18. 우리 아이에게 꼭 맞는 악기 선생님을 구해주세요 181

19. 우리 아이에게 꼭 맞는 연습 방법 191

20. 독학으로 악기를 배워도 괜찮을까 199

4부. 우리 아이만큼은 음악과 함께하는 삶을

21. 우리 아이가 음악과 함께 하기를 바란다면 209

22. 음악 하는 아이가 성공적인 삶을 사는 까닭 217

23. 음악을 즐기는 우리 아이, 학교생활이 달라진다 227

24. 어렸을 때 내가 만약 그 악기를 배웠더라면 235

25. 음악을 배운 아이 커서 무얼 할까 243

26. "악기 그만 배울래요"라고 말하는 우리 아이 대처법 253

5부. 동네 피아노 학원 원장님에게는 못 물어보는 음악 이야기

27. 피아노 꼭 배워야 하나요? 263

28. 우리나라만 알아듣는 "너 피아노 어디까지 쳤니?" 269

29. 피아노, 집에 꼭 있어야 할까 275

30. 학원에서 우리 아이만 유난히 진도가 느려요 285

31. 학원에서 권하는 콩쿠르, 나가야 할까 291

32. "엄마 나 피아노 학원 그만 둘래요" 297

33. 어디서도 알려주지 않는 작곡 공부 301

닫는 글 309

1부.

우리 아이 음악교육
어떻게 시작할까

우리 아이 음악성 첫 단추, 어떻게 끼우는가 01

엄마, 아빠의 축복과 기대를 받으며 세상에 태어난 우리 아이. 맨손으로 세상에 온 것 같지만 사실 아이는 음악에 대한 무한한 가능성을 가지고 태어났다는 걸 알고 있나요?

아이들은 이미 엄마의 몸에 있을 때부터 음악적으로 많은 자극과 경험을 겪습니다. 쿵닥 쿵닥 쿵닥 쿵닥. 낮은 베이스 톤에 일정한 비트. 템포가 빨라지더라도 흐트러지지 않는 간격. 바로 우리 아이가 배 속에서 처음 느끼는 엄마의 심장 소리입니다. 더불어 엄마가 대화하는 빠르고 느린 소리, 짧고 길게 이름을 부르는 소리, 점점 크게 웃는 소리, 작게 속삭이는 소리 등등. 아이는 배 속에서 다양한 음악적 자극과 함께 자라납니다.

임신과 함께 시작되는 음악교육

임신 초기(1~3개월), 태아는 귀로 소리를 듣지 못합니다. 하지만 귀로 듣지 못할 뿐 태아는 엄마의 몸을 통해 전달되는 소리를 고스란히 느낍니다. 어떻게 이런 일이 가능할까요? 바로 진동을 통해서입니다. 태아는 엄마의 배 속에 품어진 상태에서 진동으로 리듬을 느낍니다.

이 시기는 아이가 소리를 체감으로 느끼는 시기입니다. 음악 태교를 하려면 심장 박동수와 비슷한 편안한 음악을 틀어주면 좋습니다. 일반적으로 휴식을 취할 때 엄마의 심장 박동수는 1분에 60~80번 정도입니다. 클래식으로 말하자면 아다지오Adagio, 안단테Andante의 느린 음악이고, 대중가요는 느린 발라드 정도의 템포지요.

임신 중기(4~6개월), 태아의 귀가 살짝 열립니다. 소리가 나는 쪽으로 관심을 보이며 이동하기도 합니다. 태내에서 태아의 청각이 점차 발달하는 시기이므로, 음악의 빠르기가 갑자기 변하거나 강한 악센트가 등장하는 곡은 피하고, 규칙적인 빠르기로 진행되는 음악이 좋습니다.

임신 후기(7~10개월)는 태아의 청각이 거의 완전한 상태로 발달하는 시기입니다. 태아는 소리의 강약 그리고 엄마와 아빠의 목소리 구분도 하게 됩니다. 이 시기에는 엄마가 관람하는 뮤지컬, 음악회, 콘서트 등을 통해 다양한 음악적 자극을 줄 수도 있습니다. 하지만 귀가 발달하였기에 강한 소리의 자극에는 태아가 바짝 긴장하고 스트레스를 받을 수도 있지요.

이 시기에는 아빠가 최고의 음악 선생님입니다. 태아는 낮은 목소

7~10개월의 태아는 청각이 거의 완전한 상태로 발달된다

리를 더 잘 듣기에, 특히 아빠가 불러주는 노래를 좋아합니다. 임신 후기에 아빠가 동화책을 읽어주고 태담을 하라고 권하는 이유도 이 때문입니다. 또한 이 시기의 태아는 자주 듣던 음악도 알아듣고 반응까지 보입니다. 따라서 평소 아이가 자주 듣던 음악을 아빠가 나지막한 목소리로 불러주면 안정감을 갖게 되고 음악적인 교감도 할 수 있습니다.

우리 아이는 타고난 리듬감의 소유자

세상에 이제 막 나온 우리 아이가 리듬감을 가지고 있다니, 정말일까요? 믿기 어려우시겠지만 사실입니다.

먼저 '고정박'이라는 의미를 알아야 합니다. 고정박이란 일정한 소리나 규칙적으로 움직이는 소리, 이를테면 엄마의 심장 박동처럼 '쿵 쿵 쿵 쿵.' 일정한 간격으로 딱딱 떨어지는 소리입니다. 고정박은 음악에서 가장 기초적이고 중요한 요소입니다. 고정박을 인지하지 못하면 음악을 표현하거나 연주하는 것 자체가 불가능하기 때문이지요.

우리 아이들은 이미 태아 때부터 수많은 음악적 경험을 한다고 말씀드렸죠? 이미 세상에 태어남과 동시에 충분히 고정박을 느낄 만한 리듬감을 가지고 있답니다. 하지만 그 리듬감을 표현할 수 있을 만큼 근육과 조직 체계가 충분히 성장하지 않았기에, 우리가 포착하지 못할 뿐입니다.

태어난 지 7~9개월 정도 되면 아이는 어느 정도 몸을 움직일 수 있습니다. 노래를 들으며 일정한 박자로 엉덩이를 흔든다거나, 박수를 짝짝짝 치는 행동을 보이기도 한답니다. 이는 굉장히 자연스러운 행동이며, 우리 아이의 잠재돼 있던 리듬감이 기초적인 수준으로 표현된 것이라고 볼 수 있습니다.

18~24개월 정도 되면 아이는 규칙적인 일정박을 연주하기 위해 노력합니다. 신나는 노래를 부르거나 들을 때 손에 쥐고 있는 것을 흔들거나 두드리는 것이 바로 그 표현입니다. 하지만 그 표현은 매우 서투르게 보입니다. 아이의 소근육 발달이 완성되지 않았고 정교한 표현이 어려운 것이지요. 이때 엄마는 아이의 리듬감 표현을 도와주는 역할을 해야 합니다. 방법은 간단합니다. 노래와 함께 아이의 손을 잡고 박수를 치거나 물체를 두드리는 등 단순한 활동만으로도 충분합니다. 같은 동요라도 빠르게 혹은 느리게 템포를 조절해서 다양한 일정박을 표현해보기를 권장합니다.

30개월 정도 되면 많은 아이들이 고정박을 연주할 수 있습니다. 물론 이 시기에도 고정박을 잘 연주하거나 따라 하지 못하는 아이들이 종종 있습니다. 하지만 이때 우리 아이를 '리듬감이 없는 아이', '음악 재능이 없는 아이'로 판단하시면 안 됩니다. 우리 아이는 '리듬에 대한 자극이 좀 더 필요한 아이' 정도로 판단하시면 됩니다.

이 시기에도 역시나 내재된 리듬감을 꺼내기 위해서는 리듬에 대한 자극을 다양하게 해주는 것이 좋습니다. 아이가 좋아하는 단어를 길게 늘였다가 짧게 내기도 하며, 박수와 함께 섞어서 들려주기도 하고, 그 소리를 모방하는 활동은 리듬감을 키우는 데 많은 도움이 됩니다(예: 딱-따-구-리, 딱따-(짝)-구-리, 딱따-짝-짝-구리 등). 비록 아이가 잘 따라 하지 못하더라도 계속적인 리듬 자극을 통해 숨겨져 있는 음악성을 깨워주세요.

리듬감과 비슷하면서 다른 음감

리듬감은 음감보다 훨씬 먼저 형성됩니다. 만 7세쯤이면 거의 완성됩니다. 아이들은 배 속에서부터 음에 대한 자극보다는 심장박동 소리 같은 리듬 자극을 훨씬 많이 받기 때문입니다. 반면 음감은 계속적인 자극을 통해 서서히 형성됩니다.

아이들은 배 속에서부터 고음과 저음에 대한 구별을 할 수 있는 상태로 태어납니다. 하지만 음역의 고저를 판단한다고 해서 음감이 곧바로 형성되는 것은 아닙니다. 아이가 어떤 음을 표현하려고 했을 때, 자신의 목소리로 정확하게 낼 수 있어야 음감이 형성되었다고 할 수 있습니다. 다시 말해, 귀로 인지한 음을 그대로 모방하여 그 음높이에 맞게 소리로 표현할 수 있어야 합니다.

보통 만 2~3세 정도의 아이는 정확한 음정 표현은 어렵더라도, 음의 높낮이 표현이 가능하기는 합니다. 목소리에 힘을 주고 빼면서 높은 음과 낮은 음을 낼 수 있지요. 이것은 음감을 가지고 음에 대한 높낮이를 표현하려는 아이의 본능적인 행동이라고 보시면 됩니다. 아이가 이 시기에 부르는 노래는 음정이 엉망이기 마련입니다. 부모가 아무리 올바른 음정으로 불러주어도 아이는 정확한 음정을 따라 하지 못합니다. 이때 절대 아이에게 정확한 음정으로 고쳐주려고 하지 마세요. 오히려 노래 부르기 싫어하는 아이로 성장할 수 있답니다.

조금 더 자라서 만 4~5세 정도 되면 아이의 음감이 어느 정도 완성됩니다. 보다 정확한 음정으로 노래를 부르며, 음정이 틀린 부분을 자각하여 스스로 수정해서 부르는 모습도 발견할 수 있습니다. 모든 음을 완벽하게 내지는 못하지만, 자신이 알고 있는 노래에 알맞은 음을 낼 수 있기에 노래 부르기를 더욱 좋아하게 됩니다. 음감이 발달됨에 따라 표현 욕구를 자극하기 때문입니다.

언어를 배울 때처럼 시작하기

♪
02

가사도 없는 음악, 누가 만들었는지도 모르는 음악을 듣다가 마음의 감동이 일어난 적 있으신지요. 왜 그렇게 느꼈을까요? 음악은 누군가가 표현하고자 하는 바를 전달하려고 만든 일종의 언어이기 때문입니다. 사람이 말을 하는 것처럼, 음악을 만든 이는 우리에게 메시지를 전달하려고 하지요. 우리가 음악을 들으며 행복을 느끼기도 하고, 슬픔에 빠지기도 하며, 옛 추억을 회상할 수 있는 까닭은 작곡자의 간절한 메시지를 음악을 통해 알아차리고 느꼈기 때문입니다.

음악교육은 언어교육처럼

곰곰이 생각해보면 음악과 언어는 비슷한 면이 많습니다.

모국어를 배우는 과정을 생각해보세요. 태어나자마자 말하는 아이는 없습니다. 가장 먼저 주변에서 들려오는 모든 말들을 귀로 듣고, 엄마 아빠가 말할 때 유심히 입 모양을 관찰하기 시작하지요. 옹알이를 하면서 말을 시작하고, 처음엔 괴발개발이지만 나중에는 글씨체를 형성하여 문맥에 맞게 글로 자신의 생각을 표현합니다.

김연수 교수는 『악기보다 음악』(2017)에서 음악교육과 언어교육을 다음과 같이 비교하였습니다.

언어교육		음악교육	
듣기는	음악을 듣는	청음 훈련과	같습니다.
말하기는	생각을 표현하는	즉흥 연주와	같습니다.
읽기는	악보를 해석하는	독보 훈련과	같습니다.
쓰기는	악보를 그리는	기보 훈련과	같습니다.

아이가 라디오에서 흘러나오는 김광민의 〈학교 가는 길〉 노래에 귀를 기울여 듣고 있으면 그것은 '청음 훈련'입니다. 노래를 듣고 피아노로 맞는 소리를 찾아보고 있다면 '즉흥 연주'입니다. 반면 〈학교 가는 길〉 악보를 읽으면서 피아노를 치고 있다면 그것은 '독보 훈련'이고, 노래를 악보로 옮기고 있다면 '기보 훈련'입니다.

청음 훈련, 즉흥 연주, 독보 훈련, 기보 훈련 이 네 가지는 모두 '음악교육'의 범주에 포함되고 즉흥 연주, 독보 훈련은 '악기 교육'의 범주에 포함됩니다.

모국어를 배울 때처럼 음악교육의 시작 단계에서 특히 집중해야 할 것은 청음 훈련, 즉흥 연주입니다. 하지만 현재 대부분의 음악교육은 독보 훈련으로 시작되고 있어 아이들이 배우기 어려워하는 것이 현실입니다.

생활 속 청음 훈련하기

그렇다면 청음 훈련은 어떻게 시작하는 것이 좋을까요? 청음 훈련은 실생활에서 하는 것이 가장 효과적입니다. 우리말을 배울 때처럼요.

클래식을 중심으로 다양한 장르의 음악 들려주기

우리의 뇌는 비구조적인 소리를 불편해합니다. 대부분의 클래식 음악은 동일한 화음을 체계적으로 변화시켜 연주되는 구조이기에, 우리의 뇌가 편안하게 느낍니다. 또한 클래식 음악을 비롯한 다양하고 새로운 음악은 아이의 주위를 환기시킬 수 있습니다. 아이가 생소한 음악이나 소리에 주의를 기울이다 보면 청음이 발달합니다.

부모가 음악을 즐기는 모습을 보여주기

부모가 왈츠, 탱고, 디스코, 때로는 영화 음악에 맞춰 춤을 춘다면 아이는 귀를 기울여 그 음악을 들을 것입니다. 라디오에서 루치아노 파바로티가 부른 〈오 솔레 미오〉나 뮤지컬 〈맘마미아〉의 〈I Have a Dream〉이 나올 때 부모가 이 노래를 따라 부른다면, 아이는 그 어느 때보다 노래에 집중할 것입니다. 부모가 음악을 즐기는 모습을 많이 보여주세요.

아이와 함께 두드리기

냄비, 프라이팬, 도마, 젓가락, 깡통 등을 신나는 음악이 나올 때 아이와 함께 신나게 두드려보세요. 신나게 두드리다 보면 엄마의 리듬을 금방 아이가 따라 합니다. 청음은 음을 구별하는 능력뿐 아니라 리듬감을 느끼는 것도 포함합니다.

아이와 함께 노래 부르기

언제 어디서든 아이와 함께 노래를 불러보세요. 리듬만 겨우 쫓아오던 아이가 어느새 비슷한 음정을 흉내내고, 미세한 음의 변화까지도 표현하려고 노력하는 모습을 발견할 수 있을 거예요.

즉흥 연주도 말을 배울 때처럼

얼마 전 어머니의 생신을 축하하기 위해 온 가족이 모였습니다. 케이크를 준비하고 생일 축하 노래를 부르기 위해 가족들을 불러 모으려는

데, 웬일인지 둘째 딸이 보이지 않았습니다. 찾아보니 둘째는 어머니 방에 있는 오래된 피아노 앞에 앉아 있었습니다. 피아노 건반을 더듬거리며 〈생일 축하합니다〉 노래의 음을 하나씩 찾고 있더군요.

어서 케이크를 먹으러 가자고 했지만 둘째는 조금만 더 기다리라는 대답뿐이었죠. 하는 수 없이 옆에서 계속 기다렸습니다. '솔솔라솔/도시-/솔솔라솔/레도-/솔솔…….' 여기까지는 어찌어찌 잘 찾아서 쳤는데, 이 다음인 '솔미/도시라' 부분을 찾기가 어려웠나 봅니다. 수십 번의 시도 끝에 결국 찾아내었죠. 마침내 노래를 완성한 둘째는 할머니를 불러 생일축하 노래를 피아노로 한 곡 쳐주고서야 생일 케이크 앞으로 갔습니다.

피아노를 배운 적 없는 둘째 딸은 '마, 마, 마'를 몇 백 번 하다가 '엄마!'를 외치는 아이처럼, 아주 좋은 즉흥 연주 경험을 한 것입니다. 만약 제가 옆에서 "그다음 음은 '○○'이야"라고 알려주었더라면 생일 축하 케이크는 더 빨리 먹었겠지만, 좋은 배움의 기회를 놓쳤을 것입니다. 이처럼 아이들이 '독보 훈련'을 하기 전에, 또는 '독보 훈련'을 하는 중에도 즉흥 연주를 해볼 기회를 많이 주어야 합니다.

첫돌에서 유아기까지
청음 훈련과 즉흥 연주에 도움을 주는 악기

글로켄슈필

글로켄슈필은 목제 상자에 금속 막대들을 피아노 건반 형태로 배열해 놓은 형태로 서양 타악기의 하나입니다. 실제 클래식 연주에도 가끔 등장하는데 울림이 좋고 소리가 아름답습니다. 금속 막대들을 뺐다 꼈다 할 수 있는 장점이 있고, 내구성이 좋으며 음정이 정확합니다. 사실 우리나라에서 교육용으로 팔리는 '실로폰'은 글로켄슈필의 정체 모를 한 종류이죠.

대학 시절, 음악교육과 교수님께서 글로켄슈필을 소개하며 "나중에 여러분이 아이를 낳는다면 저는 글로켄슈필을 선물하고 싶어요. 아이의 음감 발달에 아주 좋은 악기입니다"라고 말씀하셨습니다. 아이들이 장난치듯 때리면서 놀거나 부모가 아이들과 놀면서 쳐줄 때 음감 발달에 큰 도움이 됩니다.

메탈로폰

오르프 악기의 한 종류로 원리는 글로켄슈필과 같습니다. 하지만 그 크기가 훨씬 크고, 울림이 길어서 아이들이 아주 좋아합니다. 맘껏 때리고 놀기에 제격입니다. 일반 말렛(채)보다 털실로 싸여 있는 말렛으로 쳐야 더 부드러운 소리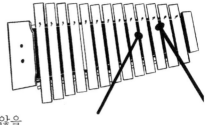
가 납니다. 가격이 비싼 편이
지만 돌잡이부터 초등학생까
지 오랫동안 사용하는 악기라
는 점을 생각하면 그리 아깝지 않을
것입니다. 소프라노, 알토, 베이스 메탈로폰이 있는데, 아이들은 자신
의 목소리 음역과 비슷한 알토 메탈로폰을 가장 좋아합니다.

핸드벨과 터치벨

핸드벨은 손잡이가 달려 있는 작은 종으
로, 흔들어 소리를 내는 악기입니다. 손잡이
의 모양은 다양하지만, 막대 모양이 일반적이
지요. 터치벨은 종 위의 벨을 누르면 소리가 나

핸드벨

는 악기입니다. 이 둘은 비슷한 음색을 지니
고 있습니다. 요즘은 핸드벨과 터치벨의
기능을 합한 '터치 핸드벨'도 있습니다. 한
사람이 탁자에 놓여 있는 핸드벨을 두 손으로

터치벨

바꿔가며 흔들어 연주하기도 하지만, 원래는 여러 사람이 연주하는 악
기입니다. 여럿이서 양손에 핸드벨을 들고 있다가 자신의 음계에 맞
춰 흔들어 연주하지요.

알록달록한 색깔과 아름다운 소리를 가져 아이들이 매우 좋아하
고, 특히 친구들이 집에 놀러 왔을 때 함께 연주하며 즐겁게 놀 수 있

는 악기입니다. 가끔 세게 흔들거나 떨어뜨려서 부서지는 경우가 있는데, 낱개로도 구매할 수 있습니다.

모국어 교육을 접목한 스즈키 메소드

♪ **03**

"첫째 줄은 엄마 줄, 둘째 줄은 아빠 줄, 셋째 줄은 할미 줄, 넷째 줄은 할배 줄."

바이올린을 배우는 어린아이들이 노래를 부르고 있습니다. 바이올린의 줄을 익히기 위해 이렇게 노래하며 개방 현을 연주하고 있는 것이지요. 스즈키 교실에서 볼 수 있는 풍경입니다.

아이에게 바이올린이나 첼로를 가르치는 부모라면 '스즈키'라는 책을 한 번쯤 본 적 있을 것입니다. 피아노의 바이엘만큼 대중적인 교본이지요. 그래서 대부분의 사람은 '스즈키'라고 하면 연주곡과 연습곡이 단계적으로 혼재된 교본을 떠올립니다. 그렇지만 원래 '스즈키'의 교육 방법은 우리말을 배울 때처럼 악기 교육을 해야 한다는 철학을 바탕에 깔고 있습니다. 스즈키 신이치가 남긴 말만 보아도 그의 교육 방법을 짐작해볼 수 있습니다.

"일본의 모든 어린이들은 일본어를 잘한다. 모국어 교육은 낙오자 없는 최고의 교육법이다. 재능은 타고나는 것이 아니라 길러지는 것이다. 음악교육은 모국어 교육처럼 귀에서부터 시작한다. 경험의 반복이 능력을 성장시킨다."

그럼 실제 스즈키 교육이 어떻게 이루어지는지 살펴볼까요?

• 부모도 레슨에 함께 참여할 뿐 아니라, 부모도 바이올린 또는 다른 악기를 함께 배울 것을 권장합니다. 이 특별한 방침 때문에 망설이는 부모가 있는 반면 아이보다 더 열성적으로 배우고 수업에 참가하는 부모도 있습니다.

• 현재 배우고 있는 곡을 반복해서 들려줍니다. 스즈키 교본에 음악 디스크(CD)가 들어 있는 것도 이런 까닭이며, 현재 배우고 있는 곡을 아주 많이 반복해서 들려주기를 권장합니다.

• 악기를 처음 배우는 아이에게는 레슨 시간에 악보를 가르치지 않는 과감한 방법을 사용하며, 선생님의 소리와 연주 방법을 모방하며 배웁니다. 이는 모국어 학습 방법을 따르기 위함입니다. 일부 학부모는 이렇게 배우면 '독보 능력이 떨어지지 않을까?' 하고 걱정하기도 하지만, 단계가 올라가면 바로 악보를 보고 배웁니다.

- 그룹 레슨의 비중이 높습니다. 그룹으로 레슨하는 것이 스즈키 교육의 큰 특징이며, 혼자서 연습하는 것보다 서로 배울 수 있다는 장점을 가집니다.

- 1년에 한 번씩 성대한 '졸업 연주회'에 참여합니다. 마치 '책걸이' 같은 행사로 자신이 현재 속해 있는 단계에 해당하는 곡을 녹음해서 검증받고, 통과하면 매년 2월 말에 열리는 '그랜드 콘서트' 졸업 연주회 무대에 오릅니다.

스즈키 교육에 대한 궁금증을 더 자세히 해결하기 위해, 한국 스즈키 협회 황경익 회장을 만나 자세한 이야기를 들어보았습니다.

한국 스즈키 협회 황경익 회장 인터뷰

바이올린 전공이지만 여러 가지 악기를 다룬다고 들었습니다. 악기를 배우는 데 특별한 노하우가 있나요?

현악기든 관악기든 악기의 원리를 익히는 일은, 그 사람이 얼마나 그 악기에 시간을 투자하고 노력했는지에 달려 있습니다. 또한 한 악기의 원리를 익히고 나면 비슷한 구조의 다른 악기로의 전이는 쉽게 할 수 있습니다.

브라스에서 트럼펫 하나를 배운다고 해봅시다. 마우스피스에 입술을 대고 소리를 내는 방식을 터득하게 되지요. 이것을 완벽하게 익힌 다면 다른 금관악기, 예를 들어 트럼본, 튜바, 호른 등으로 학습의 전이가 되어 보다 쉽게 불 수 있습니다. 현악기도 마찬가지입니다.

많은 아이들을 지도해본 결과, 다양한 악기를 연주하는 아이들은 스스로 악기를 배우는 능력을 갖췄다고 할 수 있습니다. 이런 아이들은 여러 번의 시행착오에도 포기하지 않고 도전하며, 악기를 주도적으로 탐구합니다. 특별한 아이들로 보일 수 있지만 사실 모든 아이들은 이러한 능력을 갖추고 있습니다.

스즈키 교육에 관심 있는 학부모들이 많습니다. 알기 쉽게 '스즈키 교육이란 이런 것이다'라고 말해줄 수 있나요?

한마디로 학생(아이)이 쉽고 재미있게 배울 수 있는 교육이라 할 수 있습니다.

스즈키 교육 철학에 공감하며 함께하는 나라가 63개국입니다. 참으로 놀라운 일이지요. 그 결과 스즈키 교육을 통해 전 세계에 이름을 알리게 된 교수, 유수의 오케스트라 악장, 훌륭한 연주가가 나올 수 있었습니다. 스즈키 교육은 앞으로도 이러한 네트워크를 활용하여 아이들이 교류하고 전 세계로 나갈 수 있도록 지원할 것입니다.

부모도 함께 레슨에 참여하는 까닭은 무엇입니까?

음악교육은 무엇보다 개방된 분위기에서 민주적으로 이뤄져야 합니다. 절대 권위적으로 압박하면서 이뤄져서는 안 됩니다. 부모들도 이

점을 반드시 숙지해야 하죠.

조바심과 욕심이 많아지기 시작하면 오히려 음악교육이 실패하기 쉽습니다. 아동의 성장 발달 단계와 적기에 맞는 교육을 충분히 이해할 수 있도록 부모가 끊임없이 공부해야 합니다. 아동에게 알맞은 목표와 그에 맞는 발달 과제를 제공하여 성장할 수 있도록, 부모도 동참하여 교육 전문가가 되어야 합니다.

그래서 스즈키 교육에서는 부모가 오히려 자녀보다 공부를 더 많이 해야 한다고 생각합니다. 학원에 돈만 내고 아이들을 선생님에게 전적으로 맡겨서는 안 된다고 생각하지요. 부모가 적극적으로 교육에 동참할 때 우리 자녀들의 성공을 기대할 수 있다고 생각합니다. 이것이 스즈키 교육에서 부모를 동참시키는 이유입니다.

정말로 처음에는 선생님들이 악보를 펴지 않고 소리나 음악만 가지고 가르치나요?

네 맞습니다. 교육학적 이론과 아동 인지 발달을 고려해봤을 때 이 방법이 아이들에게 적합하다고 생각합니다. 어린 아이들은 악보를 읽고 표현할 정도의 인지 능력을 갖추지 못합니다. 독보를 위한 교육보다는 오히려 소리를 통한 자극이 아이들의 귀를 먼저 깨울 수 있습니다. 모국어를 배울 때처럼, 글자를 읽고 쓰는 능력에 앞서 언어적인 자극을 수천 번 수만 번 주는 것이죠.

악보 없이 음악을 듣고 표현한 아이들도 시간이 지나면 악보를 이해하고 해석할 수 있게 됩니다. 그때가 되면 훨씬 자연스럽고 풍부하게 음악을 표현할 수 있습니다.

그룹 레슨에 비중을 두는 이유가 무엇인가요?

그룹 레슨에는 장점이 많습니다. 여럿이 함께 같은 선율을 연주하면, 조금 실수를 해도 개개인은 당황하지 않을 수 있습니다. 친구와 신나게 연주하다 보면 혼자 연주할 때 느낄 수 없는 특별한 즐거움이 있지요. 잘하는 친구를 보면 경쟁 심리가 생기고, 보다 악기에 집중하고 노력하는 동기가 되어줍니다.

매년 교육생 모두가 졸업 음악회에 참여하는 까닭은 무엇인가요?

아이들에게 동기 부여를 해주는 좋은 기회이기 때문입니다. 여러 명이 모여 함께 만들어내는 연주는 청중뿐 아니라 연주자에게 큰 감동을 선사하기도 합니다.

악기 교육은 몇 세부터 시작하면 좋다고 생각하시나요?

바이올린을 예로 든다면, 5세부터 가능합니다. 대근육이 점점 발달하면서 소근육, 미세 근육을 사용할 수 있는 시기입니다. 하지만 바로 악기 교육에 들어가지 않고, 그 나이의 신체 크기에 맞춰 악기와 친해질 수 있는 활동이 선행되기도 합니다.

예를 들면 악기를 연주하는 흉내를 내는 것입니다. 실제 바이올린과 비슷한 가벼운 상자를 목에 얹고 팔을 움직이면서 친해지는 활동을 하는 것이죠. 그러면서 자연스럽게 악기를 배울 준비를 하는 것입니다.

어렸을 때부터 악기를 배우면 좋은 점이 무엇인가요?

첫째, 고난도의 집중력을 기를 수 있습니다. 악기를 통해 음악을 배우는 일은 정신력과 의지가 포함된, 의식적인 집중이 필요한 작업입니다. 집중력은 분야를 막론하고 성공을 위해 꼭 필요한 것이지요. 악기를 배우며 집중력을 키운다면 다른 것도 잘해낼 수 있습니다.

둘째, 악기를 통해 생기는 음악적 상상력은 무한히 확장 가능합니다. 아인슈타인은 음악적 상상력을 활용하여 과학적 문제를 사고한 인물로 유명합니다. 스즈키 교육의 창시자인 스즈키 신이치도 자신의 지적 에너지의 원천은 음악임을 밝힌 적이 있습니다. 무한한 창의성과 상상력을 만들어주는 음악교육이 다른 분야와 접목되었을 때의 시너지는 엄청나지요.

셋째, 음악교육을 통해 사회를 이끌어갈 역량을 갖추게 됩니다. 어렸을 때부터 친구들과 협동하여 연주하는 경험을 통해 사회성이 발달합니다. 여러 사람 앞에서 연주를 한 아이는 자신감이 충만합니다. 자기 스스로 연주 내용을 반성하며 비판적 사고능력도 갖추게 됩니다.

악기 교육을 시키고 있는 부모들에게 조언 한마디 부탁드립니다.

어릴 때 악기를 배워서 전공자가 되는 사람이 얼마나 될까요? 연주가를 시키려고 악기를 시작해서는 안 됩니다. 입시나 콩쿠르에 목표를 두고 교육을 하면 오히려 빨리 지쳐 포기할 수 있습니다. 음악 자체를 즐기고 누리도록 부모가 든든한 지원자가 되어주세요.

조바심을 내지 않기는 어렵습니다. 비교와 욕심을 조심해야 합니다. 자녀의 음악교육에 있어서만큼, 부모는 묵묵히 바라보고 든든히 격려해주는 존재가 되어야 합니다.

아이들이 음악교육을 통해 창의적 인재가 될 수 있도록 많은 관심과 격려를 부탁드립니다.

엄마의 노래가
더 좋은 이유

♪
04

요즘 주변을 둘러보면 노래를 불러주는 엄마의 모습을 보기가 힘듭니다. 그보다는 텔레비전, 스마트폰 등의 전자기기를 통해 노래를 들려주는 게 일반적이지요. 매체나 스트리밍 서비스의 발달 외에도 그 이유는 다양합니다. 엄마가 조금 쉬고 싶어서, 노래에 자신이 없어서……. 정확한 음정과 박자를 가진 음원을 들려주는 게 노래를 직접 불러주는 것보다 아이의 음악성 발달에 도움이 될 거라고 생각하기도 합니다.

하지만 아쉽게도 어린 아이들이 듣는 음성 매체의 '노랫소리'는 우리 아이의 음악교육에 큰 도움이 되지 않습니다. 아이들에게 필요한 것은 바로 '엄마의 노래'입니다.

매체를 통해 듣는 '노랫소리'는 청각 자극에 의한 감각 발달 정도의 효과만 기대할 수 있습니다. 하지만 '엄마의 노래'는 음악성 발달과 정서 발달이라는 의미를 더합니다. 아이가 엄마의 노래를 통해 노래하는 방법을 배우고, 현재 마음 상태를 느끼며, 감정을 교감하기 때문입니다.

엄마의 노래는
아이들에게 가장 편안하고 따뜻한 소리

첫째가 태어난 지 며칠밖에 되지 않았을 때, 살짝 옆에 다가가 태명을 불러보았습니다. 사랑을 듬뿍 담은 목소리로요. 그러자 갓난아이가 보이지 않는 눈동자를 움직이며 아빠를 찾는 게 느껴졌습니다. 조리원에서 울던 아이가 태명을 부르는 엄마나 아빠의 목소리가 들리면 울음을 멈추는 경험도 여러 번 했습니다.

신기하면서도 놀라운 일이지요. 갓난아기도 태아 때부터 익숙하게 들었던 엄마, 아빠의 목소리를 다른 소리와 구별합니다. 또한 따뜻하게 자신의 이름을 불러주면 정서적 안정과 함께 보살핌이나 사랑의 감정을 느끼기도 하지요. 잠투정을 부리던 아이도 엄마의 목소리로 자장가를 불러주면 최면에 걸린 듯 스르르 잠들기도 합니다.

엄마가 불러주는 자장가는 멜로디와 가사에서 오는 편안함이 있고, 엄마의 배 속에서부터 느꼈던 따뜻함도 있습니다. 이런 이유로 엄마의 자장가를 들으면 아이가 심리적 안정감을 느끼고 자연스럽게 잠이 듭니다.

켐플, 베이티&하틀은 그들의 연구『음악놀이: 음악적 놀이와 탐색을 위한 음악센터』에서 엄마가 불러주는 자장가와 아이 어르는 소리 같은 노래 경험은 부모와의 유대감 형성에 도움을 주고, 아이에게 정서적으로 안정감을 준다고 했습니다. 더불어 노래는 미디어를 통해 나오는 것이 아닌, 사람의 육성으로 함께 불러야 효과가 있다고 했습니다.

아이에게 노래를 불러줄 때를 생각해보세요. 기계처럼 가만히 노래를 부르는 엄마의 모습, 그려지시나요? 자연스럽게 엄마는 아이의 눈을 바라보고, 몸을 아이 쪽에 가까이 밀착시키고, 손으로 어루만지거나 볼을 비비는 스킨십을 합니다. 이 과정에서 아이는 마음이 안정되고 따뜻한 엄마의 사랑을 느낄 수 있습니다.

현재 우리는 각종 전자 기기를 통해 쉽고 편하게 노래를 듣는 시대에 살고 있습니다. 하지만 엄마가 불러주는 노래에만 담긴 따뜻한 정서는 그 어떠한 것도 대신할 수 없습니다. 그것이 세계적인 성악가의 울림 깊은 목소리나, 최고 인기 가수의 목소리라고 해도 말입니다.

엄마의 노래로 아이의 사회성이 형성된다

사람은 사회적 동물입니다. 누군가와 끊임없이 관계를 맺고 그 관계 속에서 존재하게 되지요. 이러한 인간관계의 기본은 부모와 자녀의 관계에서 시작됩니다. 부모가 아이에게 노래를 불러주는 것은 아이와 서로 공감을 나누는 가장 좋은 방법입니다.

엄마가 노래를 불러주는 동안 엄마는 오롯이 아이만을 생각하며 노래를 부르고, 아이도 엄마의 생각을 전달받아 둘 사이에는 정서적 교감이 생깁니다. 이런 과정들은 정서적 안정감을 제공하고 타인과의 유대감을 형성하는 기초를 마련합니다. 따라서 엄마가 불러주는 노래는 부모와 자녀의 관계를 이어주는 연결고리 역할을 하여 관계 형성의 수단이 됩니다(김은주, 영유아기 자녀를 둔 어머니의 '노래 불러주기' 경험이 가지는 의미 탐색, 2017).

아이들은 엄마가 부르는 노래를 무의식적으로 같이 따라 하기도 합니다. 자연스럽게 부모에 대한 모방 심리가 작용하는 것인데요. 엄마의 노래를 한 소절 한 소절 따라 부르다가, 곧 발전하여 엄마와 노래를 함께 부르게 됩니다. 이런 경험은 아이에게 좋은 기억을 심어줍니다. 더불어 엄마와 함께하는 따뜻한 감정도 느끼게 됩니다. 같이 부르면서 엄마와 아이만의 새로운 스토리가 생기기도 하고요. 이러면서 엄마와 아이의 관계는 자연스럽게 누구보다 특별하고 끈끈하게 발전합니다.

영유아기는 부모와의 관계 속에서 간접적으로 사회성을 기르는 매우 중요한 시기입니다. 아이에게 노래를 많이 불러주고 함께 시간을 보내주세요.

엄마의 노래가 노래 잘하는 아이를 만든다

자녀가 커서 바른 음정에 정확한 리듬으로 노래를 부를 수 있게 되기를 원하시나요? 아주 쉬운 방법은 '엄마의 노래'를 자주 들려주는 것입니다.

학년이 바뀌는 3월, 교사로서 첫 음악 시간은 항상 기대가 됩니다. '우리 아이들에게 음악 시간만큼은 즐거운 시간으로 만들어주어야지!'라는 희망찬 다짐을 하지요. 첫 음악 시간에 가사가 예쁜 동요를 아이들과 함께 불러봅니다. 하지만 매년 느끼는 점은, 꽤 많은 아이들이 노래를 부를 때 목소리를 잘 내지 못하거나 혹은 음정과 맞지 않는 음을 낸다거나, 무표정으로 겨우 따라 하며 노래 부르기를 회피한다는 사실입니다. 물론 대부분의 아이들은 음악 시간에 노래 부르기를 배우며 좋아집니다.

왜 그럴까요? 아이들은 의외로 크게 힘주어 노래를 불러본 경험이 많지 않기 때문입니다. 한번 생각해보세요. 집에서 아이들과 한 목소리로 목청껏 노래 부른 적이 몇 번이나 있나요?

가정에서는 대부분 컴팩트디스크(CD), 인공지능 스피커, 유튜브, 인터넷 스트리밍사이트 등을 통해 음악을 듣습니다. 유치원과 초등학교 교과 시간에도 노래를 배울 때는 모범적인 목소리가 나오는 음원을 들어주거나, 수업 관련 자료를 모아놓은 사이트에 올라온 음악 자료를 재생합니다. 언뜻 보기엔 가정과 학교에서 엄선된 노래를 들려주는 것이 좋아 보일 수도 있지만, 이는 앞서 말했듯이 음악성 발달에는 큰 도움이 되지 않습니다.

왜 엄마의 노래를 듣고 자란 아이들이 노래를 잘할까요? 위에서 말한 음원과 비교하여 설명하겠습니다.

• 보통 음원은 처음부터 끝까지 한 번에 녹음하는 것이 아니라, 노래를 마디마디 나누어 녹음하여 그중 잘된 부분만 합쳐서 완성합니다. 노래를 부르다가 자연스럽게 숨을 쉬는 행위가 곡 중간에 표현되지 않죠. 엄마의 노래는 숨을 쉽니다. 아이들은 엄마가 노래 부를 때 숨을 쉬는 모습을 보며 '아, 노래 부르다 여기에서 엄마도 숨을 쉬는구나' 하고 노래하다 숨 쉬는 방법을 배웁니다.

• 음원은 표정이 없고, 엄마의 노래는 표정이 있습니다. 아이는 엄마가 즐거운 노래를 부를 때의 표정과, 슬픈 노래를 부를 때의 표정을 관찰하며 감정 표현의 방법을 터득합니다.

• 음원은 음이탈을 내지 않지만 엄마의 노래는 음이탈이 있습니다. 음이탈은 노래를 배우는 과정에서 나오는 자연스러운 현상입니다. 사전에서도 음이탈은 '노래를 부르거나 연주할 때, 정해진 음을 내기 위하여 노력하다가 전혀 다른 음을 내는 것'이라고 설명하고 있습니다. 아이들은 엄마의 음이탈을 통해 듣기 좋은 소리와 싫은 소리를 구별하게 됩니다. 또한 자신이 음이탈을 냈을 때에도 자연스럽게 받아들이고 올바른 음정으로 노래하려고 노력합니다.

• 음원은 듣는 노래이고, 엄마의 노래는 함께 부르는 노래입니다. 신기하게도 아이들은 음원을 틀어주면 그냥 듣고 있는 경우가 많고, 엄마가 노래를 부를 때에는 함께 따라 부릅니다. 고든(Edwin Gordeon)은 이를 모방 발달 단계라고 말했지요. 아이가 엄마가 부르는 노래를 따라 부를 때면, 점차 엄마와 동일한 음과 박자로 표현하기 위해 노력하는 모습을 볼 수 있습니다.

아이가 커서 노래를 잘하는 사람이 되길 원한다면 '엄마의 노래'를 많이 불러주세요.

지금 우리 아이에게
필요한 음악놀이

05

최근 '음악놀이'에 대한 관심이 꾸준히 증가하고 있습니다. 음악놀이
란 음악과 놀이를 융합한 것으로 아이에게 흥미를 주고 적극적인 참여
를 유도합니다. 미국, 유럽의 부모와 아이들에게 일상적으로 이루어지
는 교육 프로그램이지요. 실제로 음악놀이는 아이들의 듣기 능력과 인
지력, 표현 능력을 발달시키는 데 큰 도움을 줍니다. 더불어 아이들이
즐겁게 음악적 요소를 찾을 수 있는 기회를 제공하며, 창의력과 상상
력을 증진시키는 효과도 있습니다.

하지만 안타깝게도 한국에선 음악놀이에 대한 정보와 인프라가 많
이 부족한 상황입니다. '음악놀이라 하면 특별한 프로그램이라서 전문
교육 기관에서 받아야 하는 것이 아닐까?'라고 생각하는 부모도 많습
니다. 결론부터 이야기하면 전혀 그렇지 않습니다. 말 그대로 음악과

함께 아이와 재미있게 놀 수 있으면 됩니다. 아이가 있는 부모라면 바로 오늘부터 시작할 수 있습니다.

여기에서는 부모가 아이들과 함께할 수 있는 음악놀이 몇 가지를 소개해드리고자 합니다. 노래, 신체 동작, 연주 등이 자연스럽게 녹아들어가 있는 음악놀이를 통해 우리 아이의 음악적 재능을 깨워주세요.

아이와 함께하는 리듬 음악놀이

모든 노래에는 일정하고 규칙적인 박이 존재합니다. 특히 아이들이 좋아하는 동요는 고정박을 찾기가 쉽고, 부르며 표현하기도 쉽습니다. 동요 〈곰 세 마리〉를 예로 들어보겠습니다.

곰 세마리 가 / 한 집에있 어 / 아빠곰 엄마곰 / 애 기 곰 -
ㅣ ㅣ ㅣ ㅣ / ㅣ ㅣ ㅣ ㅣ / ㅣ ㅣ ㅣ ㅣ / ㅣ ㅣ ㅣ ㅣ

노래 각 마디마다 규칙적인 박이 느껴지시지요? 바로 이런 고정박을 아이가 몸으로 직접 느껴볼 수 있는 리듬 음악놀이를 소개하겠습니다.

첫 번째 음악놀이는 엄마가 노래를 부르면서 박에 맞추어 아이의 발이나 손을 주물러주는 것입니다. 준비물은 하나도 필요 없습니다.

엄마의 따스한 손만 있으면 됩니다.

노래 속 고정박에 따라 엄마는 규칙적으로 아이를 주무릅니다. 단순한 것 같지만 충분히 규칙적인 리듬감을 형성하기엔 더없이 좋은 활동이지요. 엄마의 손에서 느껴지는 체온은 아이에게 안정감을 줍니다. 또한 주무르는 간격이 일정하고 예상할 수 있는 리듬이기에 아이는 평온한 상태에서 고정박을 몸소 느끼고 리듬을 즐기게 됩니다.

익숙해지셨으면 노래의 템포를 빠르게도 하고 느리게도 해보세요. 아이는 자연스럽게 노래에 따른 고정박을 익힐 것입니다.

두 번째 음악놀이는 엄마의 무릎에 앉아서 리듬을 느껴보는 겁니다. 엄마는 아이를 무릎에 앉히고 무릎을 높였다 내렸다 하는 행동을 반복합니다.

아이는 노래에 맞춰 느껴지는 일정한 박에 따라 엄마의 무릎에 앉은 채로 위로 살짝 올라갔다가 다시 아래로 내려옵니다. 엄마의 몸에 매달려 있거나 오르락내리락하는 신체 활동만으로도 아이들은 충분히 재미를 느낍니다. 이때 아이가 좋아한다고 너무 높게 올렸다 내렸다 하는 것에 집중하면 안 됩니다. 자연스럽게 규칙성을 느낄 수 있을 정도로만 하는 게 더 효과적입니다.

참고로 이 놀이는 18~36개월 사이의 아이에게 가장 좋습니다. 아이의 몸무게도 가볍고 부모도 그렇게 힘들지 않지요. 또한 이 시기에 형성되는 엄마와의 정서적 애착에도 굉장히 도움이 됩니다.

세 번째 음악놀이는 악기를 연주해보는 것입니다. 어떤 악기를 말하는 걸까요? 가정에서 흔히 볼 수 있는 물건이나 재활용품도 모두 악기가 될 수 있습니다. 예를 들어 종이 상자나 반찬 용기 등을 뒤집어서 두드리면 마치 드럼 같은 효과가 납니다. 자연스럽게 아이와 함께 노래를 부르면서 손으로 두드려보세요. 둥 둥 둥 둥 규칙적인 소리를 내면서 아이가 재미있게 박자를 표현할 수 있습니다. 아이가 박보다 빠르게 치거나 아무렇게나 친다고 해도, 아이의 박을 바꿔주려고 하지 마세요. 부모는 그저 자연스럽게 앞에 놓인 악기를 함께 두드려보면서 아이와 즐겁게 놀면 됩니다.

이 음악놀이를 통해 아이는 자연스럽게 노래를 부르고, 박을 치면서 리듬감을 형성할 수 있습니다. 부모가 악기를 세게도 치고 작게도 치는 모습을 보여주세요. 아이가 고정박과 함께 직접 소리의 세기도 표현할 수 있게 됩니다.

아이의 정서를 풍부하게 하고 창의력을 키우는 음악놀이

음악은 듣는 것만으로도 창의력 발달에 영향을 주며, 정서를 풍부하게 만들기도 합니다. 소리를 들으면서 음악을 분석하고, 그것을 신체나 도구를 통해 표현하는 음악놀이는 단순한 듣기보다 한 단계 더 높은 차원의 활동이라고 볼 수 있습니다. 그렇기 때문에 음악놀이를 할 때만큼은 아이에게 칭찬과 격려를 아끼지 마세요. 자신감과 함께 풍부한 감성과 창의력도 성장해나갈 것입니다.

첫 번째 음악놀이는 소리 듣고 따라 하기입니다. 흔히 볼 수 있는 주변의 물건들을 사용하면 됩니다. 소리가 나는 물건이면 어떠한 것이든 좋습니다. 두드릴 수도 있고 표면을 긁을 수도 있습니다. 엄마는 연주자가 되고 아이는 듣는 역할을 하게 됩니다.

"통통! 통통! 통! 통! 통!'

처음에는 엄마가 낸 소리를 아이가 그대로 모방해서 표현해보게 합니다. 아이가 곧잘 따라 한다면 리듬을 변화시켜서 다양한 리듬을 따라 해보게 합니다.

이 단계도 익숙해진다면 조금 더 심화 단계로 나아갈 수 있습니다. 아이에게 눈을 감으라 하고, 엄마가 낸 소리를 듣게 합니다. 아이는 직접 엄마가 소리를 어떻게 냈을까 추측하고, 비슷한 소리를 만들어 기억한 리듬까지 따라 연주하는 겁니다.

엄마가 표면을 거칠게 직선으로 긁었는지, 혹은 살살 돌려가며 긁었는지, 아이는 눈을 감고 있기에 오로지 청각에 의지해서 상상해야 합니다. 이 과정에서 엄마가 낸 소리를 더 잘 듣기 위해 아이의 집중력이 향상되지요. 또한 그 소리와 리듬을 그대로 기억할 수 있어야 하므로 기억력도 좋아집니다. 소리와 리듬을 좀 더 길게 혹은 다양하게 변화시키는 것으로 단계를 더 나누어도 되고, 엄마와 아이의 역할을 바꾸어 진행해도 됩니다. 이 음악놀이를 하다 보면 소리를 구별하고 탐색해내는 능력이 향상됩니다.

두 번째 음악놀이는 음악을 듣고 몸으로 표현하기입니다. 보통 아이들은 춤을 좋아합니다. 몸을 흔들고 뛰고 빙글 도는 활동 자체를 즐기지요. 이 음악놀이는 음악을 먼저 듣고 음악이 주는 느낌을 스스로 해석하여 몸으로 표현해보는 것입니다.

노래는 아이가 평소에 잘 듣는 신나는 동요, 느리고 슬픈 음악, 왈츠풍의 3박자 음악, 씩씩하고 당당한 행진곡 모두 괜찮습니다. 아이가 음악의 느낌에 따라서 몸짓을 변화시키는 모습을 관찰해보세요. 보자기나 스카프가 있다면 소품으로 사용해도 좋습니다. 스카프를 들고 휘휘 젓고, 위로 던지고, 바닥에서 끌고 다니는 등 다양한 표현이 가능합니다.

더불어 음악을 듣고 자유로이 표현하는 아이의 모습을 부모가 그대로 따라 하기를 추천합니다. 자신의 표현을 그대로 따라 하는 엄마를 보며, 아이는 신이 나서 더욱 즐겁고 재미있게 음악놀이에 참여할 것입니다.

이 음악놀이는 아이의 자신감과 자기 표현력을 향상시키기에 매우 좋습니다. 즐겁게 아이와 함께 음악에 몸을 맡겨보세요.

세 번째 음악놀이는 가사 바꾸어 부르기입니다. 이 놀이는 생활 속 다양한 상황에 적용이 가능합니다. 이 놀이를 위해서는 먼저 아이가 잘 아는 노래를 선곡하는 게 중요합니다. 아이가 씻을 때, 장난감을 치울 때, 밥 먹을 때 등 다양한 상황에 맞게 가사를 만들어 아이와 함께 부르면 됩니다.

〈비행기〉라는 동요를 가지고 설명해보겠습니다.

'떴다 떴다 비행기 날아라 날아라'

그리고 지금 아이가 씻으러 가기 귀찮아 하며 계속 놀려고 고집을 부리고 있다고 해봅시다. 부모는 이 노래의 가사를 이렇게 바꾸어 부릅니다.

'빨리 빨리 ○○아 씻으러 갑시다'

그러면 아이는 어떻게 대답할까요? 절대 단답형으로 '네' 하고 대답하지 않습니다. 아이는 엄마가 부른 노래의 선율에 자신의 상황을 담은 가사로 바꿔 노래할 것입니다.

'싫어 싫어 싫어요 씻기 싫어요'

여기서 가사와 음절이 맞지 않는다면 아이가 자연스럽게 한 박을 두 박으로 늘리든지, 반대로 반 박 두 개로 나눌 수도 있습니다. 이렇게 놀며 자연스럽게 음악 요소를 익힐 수 있지요. 아이의 창의력도 향상되는 음악놀이, 바로 시작해보세요.

사설 음악놀이 프로그램도 소개합니다

누누이 강조한 것처럼, 음악놀이도 '엄마표' 음악놀이가 가장 좋습니다. 하지만 상황이 여의치 않다면 사설 음악놀이 프로그램에 보내는 것도 대안이 될 수 있지요. 현재 우리나라에서 인기를 끌고 있는 사설 음악놀이 프로그램 몇 가지를 소개합니다.

뮤직가튼Musikgarten

생후부터 만 7세까지의 유아들을 위한 교육과정입니다. 기초 음악교육은 물론 전인적 교육의 목표를 달성하는 것을 목표로 삼고 있지요. 뮤직가튼은 미국 노스캐롤라이나주립대학 로나 하이거 박사가 다년간 유아 교육을 지도한 경험을 토대로 만들었습니다. 기초 음악교육, 즉 리듬, 음정, 하모니, 템포, 다이내믹, 음색, 형식에 대한 교육에 맞추어 노래하기, 춤추기, 손뼉치기, 활동하기, 듣기 등 종합적인 유아 음악 커리큘럼을 가지고 있습니다.

우리나라에서는 주로 대형 마트의 문화센터를 중심으로 운영되며, 노래와 율동을 기본으로 다양한 음악 교구를 활용한 악기 활용 수업이 진행됩니다.

야마하 음악교실

만 2세부터 초등학생까지 실시할 수 있는 음악교육 프로그램을 운영합니다. 만 2세는 애플 코스, 만 3세는 뮤직 원더랜드, 만 4~5세는 주니어 뮤직 코스라는 이름으로 연령별 유아를 위한 별도 프로그램이 있다는 특징이 있습니다.

애플 코스는 부모와 함께 참여하며, 음악을 듣고 몸 움직이기, 리듬악기 치며 노래 부르기, 이야기를 들으며 노래 부르기 등의 음악놀이 프로그램입니다. 뮤직 원더랜드 역시 부모와 함께 참여하며, 음악 듣기, 리듬 느끼기, 건반에 익숙해지기 등 음악과 친해지기 위한 활동이 주를 이룹니다. 마지막으로 주니어 뮤직 코스는 음악에 대한 기초 코스로 소리에 대한 식별 능력을 기르고, 리듬, 멜로디, 하모니에 대해 배우는 것이 목표입니다. 듣기, 노래하기, 연주하기, 악보 읽기, 음악 만들기 등의 교육이 진행됩니다.

뮤앤무 오르프

독일의 유명한 작곡자이자 음악교육자인 칼 오르프가 개발한 음악 교수법을 기반으로 하며, 2세부터 초등학생까지 배우는 음악교육 프로그램입니다. 요즘에는 유치원이나 어린이집에서 뮤앤무 오르프 프로그램을 방과후 프로그램으로 운영하기도 합니다.

2~3세는 엄마와 함께 수업이 진행되며, 즐거운 음악 경험을 통해 리듬감, 음감, 심미감의 발달을 목표로 합니다. 4~5세는 말하기 Speech, 동작하기Movement, 노래하기Singing, 연주하기Playing 등 다양한 음악 활동을 통해 기초 음악개념을 형성하고 다양한 타악기와 오르프 악기를 연주합니다. 6~7세는 간단한 노래와 리듬을 만들며 음계를 배우기 시작하고, 기본적인 음악 개념 교육과 악보를 읽고 쓰는 교육도 실시합니다.

오디

에드윈 고든Edwin Gordon의 음악 학습 이론을 바탕으로 음악 감수성을 계발하는 프로그램으로, 만 2세부터 초등학생까지 배울 수 있는 단계별 프로그램이 있습니다.

만 2세는 듣기, 교구 탐색, 동작 표현, 노래하기, 만 3세는 악기 탐색, 표현, 즉흥 및 창작, 작은 연주회, 만 4세는 주제 도입, 내면화, 리듬 패턴, 선율 패턴, 만 5세는 오디에이션, 테크닉 놀이, 읽기와 쓰기,

연주 등의 프로그램으로 진행합니다. 이 외에도 오디 드라마(이야기),
부모 참여 수업, 부모 교육 등의 프로그램이 있습니다.

아이에게 좋은 예술 동요를 소개합니다

06

인기 동요는 아는데, 예술 동요는 잘 몰라요

8분의 6박자, 정감 있는 가사와 가락으로 서정적인 동요를 대표하는 〈과수원길〉. 하지만 초등학교 학생 대부분이 이 동요를 모른다는 사실을 아나요?

"동구 밖 과수원길 아카시아 꽃이 활짝 폈네."

아이들은 하교하고 난 뒤의 조용한 교실, 몇 명의 선생님들이 모여서 〈과수원길〉 노래를 연습하고 있습니다. 학예회에서 아이들에게 깜짝 무대를 선보이기 위해서입니다. 아이들도 함께 동요를 따라 부르며 의미 있는 무대를 만들자는 의도였지요.

그때 한 분의 선생님께서 말씀하셨습니다.

"요즘 아이들은 이런 동요 잘 모르던데 따라 부를 수 있을까요?"

'에이, 설마 이 동요를 모르겠어?' 하는 마음이 들었지만, 혹시나 하는 마음에 다음 날 수업 시작 전 학생들에게 〈과수원길〉을 들려주며 물었습니다.

"너희들 이 동요 아니?"

"아니요, 이거 무슨 노래예요?"

〈상어 가족〉, 〈뽀로로와 노래해요〉 등 인기 동요나 애니메이션 주제가는 모르는 아이가 없지만 〈과수원길〉이나 〈반달〉 같은 예술 동요는 안타깝게도 모르는 아이들이 대부분입니다. 왜 그럴까요? 폭발적으로 늘어난 다양한 장르의 음악 속에서 예술 동요의 입지는 자연스럽게 좁아졌고, 부모 역시 접할 기회를 아이에게 제공하지 않았기 때문입니다.

저 역시 아이를 키우며 처음에는 최신 유행하는 인기 동요를 많이 들려주었습니다. 그러던 중 둘째가 태어난 후 새로 발령받은 학교에서 음악을 무척 소중히 여기고 사랑하는 선생님을 만났습니다. 학생들과 함께 동요를 부르며 하루를 시작하는 멋진 선생님이었지요. 그 선생님은 제가 아이들 음악교육에 관심이 많다는 사실을 알고 어느 날 저를 조용히 불렀습니다.

선생님은 아이들에게 '옛날 동요(예술 동요)'를 많이 들려줘야 감수성이 좋아진다며, 직접 제본한 낡은 동요 악보집과 음원이 들어 있는 컴팩트디스크(CD) 한 장을 건네주었습니다. 반 아이들과 함께 아침 활동 시간에 듣고 불러보라는 권유와 함께요. 악보집 전면에는 투박하게 큰 글씨로 '밝은 마음 고운 노래'라고 써 있었습니다. 솔직히 당시에는 담긴 동요가 세련되지 못하고 낡은 느낌이 나서 아이들이 별로 좋아하지 않을 거라고 생각했습니다. 하지만 주신 성의를 생각해서 반 아이들과 틈날 때마다 듣고 불러보았죠.

어느덧 1년이 지나고 반 아이들과 마지막 인사를 나누던 날, 저의 가슴에 울림을 주는 일이 벌어졌습니다. 가끔 틀어주었던 예술 동요들을 반 아이들이 메들리로 만들어서 저에게 불러주었던 것이지요. 아이들의 노래에 어찌나 감동을 하고 눈물을 흘렸던지, 그때의 기억이 지금도 생생합니다.

그 일을 계기로 아이들이 옛날 동요를 별로 좋아하지 않을 거라는 생각은 버렸습니다. 지금도 교육 현장에서 저는 그때 그 선생님이 주었던 아름다운 예술 동요들로 추억을 만들어가고 있습니다.

예술 동요, 어떤 점이 좋을까요

예술 동요라, 얼핏 들으면 어려울 것 같지요? 하지만 동요를 듣는 순간, '아, 그 노래!' 하고 무릎을 탁 칠 겁니다. 부모들이 어렸을 때부터 자주 들어왔던 익숙한 동요들일 테니까요.

예술 동요는 시(詩)가 가지고 있는 성질을 뜻하는 시성(詩性)을 가미한 예술적 동요를 뜻합니다. 또 정서 순화를 위한 서정 동요를 일컫기도 합니다. 예술 동요는 작곡가, 작사가가 아이들을 생각하며 의도적으로 창작한 동요입니다. 그렇기 때문에 세상의 아름다움, 따뜻한 마음, 위로의 표현, 친구와의 우정, 고향의 그리움 등 서정적이고 감수성 넘치는 내용의 가사들로 이루어져 있습니다.

이미 알고 계신 분들도 있겠지만 예술 동요의 작사가는 대부분 시인입니다. 이런 특성 때문에 예술 동요를 많이 접한 아이들은 문학에도 한 발 먼저 눈을 뜹니다. 예술 동요 가사의 상당수가 우리 문학에 뿌리를 두고 있습니다. 〈과수원길〉은 박화목의 시로, 〈엄마야 누나야〉는 김소월의 시로 작곡했지요. 이 외에도 〈퐁당퐁당〉, 〈오빠 생각〉, 〈고드름〉, 〈구슬비〉, 〈고향의 봄〉 등의 곡도 마찬가지입니다.

아이들이 처음에는 자세한 뜻을 모르더라도 반복해서 듣고 따라 부르다 보면 풍부한 언어적 표현과 비유, 소리의 형태, 문장의 흐름, 리듬감 있는 반복을 통한 음악성 등을 자연스럽게 배울 수 있습니다. 또한 아이들은 예술 동요를 부르며 정서적으로 풍부해지고 '공감하는 아이'로 자라게 됩니다. 더불어 우리나라의 정서와 삶도 함께 배우게 되지요.

좋은 음악은 '클래식 음악'이라는 이름으로 오래 불리고 연주되며, 좋은 책은 '고전' 또는 '스테디셀러'라는 이름으로 꾸준히 읽힙니다. 예술 동요는 할아버지, 할머니 세대에서부터 지금까지 불리며 사랑받고 있지요. 바야흐로 동요계의 '고전'인 셈입니다.

동요 말고 대중가요는 안 될까요

요즘 학교에서 근무하다 보면 동요보다는 대중가요를 즐겨 부르는 아이들이 훨씬 많습니다. 하지만 아이들에게 맞는 발성, 호흡, 공명, 조음調音 등의 기본 요소를 익히고 정확한 음감을 형성하는 데는 대중가요보다 동요가 아이들에게 잘 맞고 도움이 됩니다. 물론 대중가요가 꼭 나쁘다는 건 아닙니다. 다만 아이가 어른의 옷을 입는 것과 같다고 비유하고 싶습니다.

얼마 전, 초등학생 사이에서 인기를 끌었던 엔플라잉의 〈옥탑방〉이라는 노래는 시작부터 1옥타브 레에서 3옥타브 도까지 넓은 음역을 넘나듭니다. 폭발적인 가창력을 가진 사람이어야 소화할 수 있는 곡입니다. 실제 아이들이 부르기에는 음역대가 너무 높죠. 참고로 일반적인 초등학생을 기준으로 넓게 잡았을 때 낮은 라에서 2옥타브 파정도로 음역대가 형성되어 있습니다.

가요는 때로 과한 기교를 사용하기도 하고, 오랫동안 고음이 지속되는 '롱톤'이 나오기도 합니다. 아주 낮은 음에서 갑자기 높은 음을 불러야 할 때도 있습니다. 아직 성대가 완전히 성장하지 않은 아이들이 부르기에는 무리입니다. 잘못된 발성으로 목에 힘이 들어가 있는 상태로 부를 가능성이 큽니다. 자칫 잘못하면 성대에 결절이 생길 수 있고, 조금만 노래를 불러도 금방 목소리가 쉴 수 있습니다.

아이들은 아직 넓은 음역을 소화할 수 없습니다. 음역에 맞지 않는 노래를 무리하게 불러보았자 음감 형성에 도움이 되지 않습니다. 동요는 주로 낮은 시에서 2옥타브 레 사이의 음역 내에서 작곡되며, 웬만하면 이 범위를 벗어나지 않기에 아이들이 부르기 편안합니다.

아이와 신나게 동요 부르는 법

아이와 함께 부르기

차를 타고 이동할 때, 목욕을 할 때, 밥 먹을 때에도 아이와 함께 동요를 불러주세요. 엄마 아빠와 함께 부르는 것만으로도 아이는 동요 부르기를 매우 좋아할 겁니다. 그러려면 부모가 먼저 몇몇 동요를 외우는 노력을 해야 합니다.

리듬 악기와 함께 부르기

아이들은 두드리고 흔드는 활동을 좋아합니다. 흥에 겨워 리듬악기와 함께 동요를 부르다 보면 리듬감은 저절로 발달합니다. 일정박을 치는 방법, 가사에 맞게 치는 방법, 특정한 가사가 나올 때만 치는 방법(동동 동대문을 '열어라', 남남 남대문을 '열어라') 등이 있습니다. 리듬 악기가 없더라도 박수, 바닥 치기, 허벅지나 배 두드리기 등으로 리듬악기의 효과를 낼 수 있습니다.

과장된 표현으로 부르기

동요를 부르다 보면 재미있는 표현이 나오는 부분이 있습니다. 동요 속에 나오는 의성어, 의태어가 특히 그렇지요. 〈아기 염소〉 노래를 부를 때 '음메'가 나오는 부분, 〈올챙이 송〉을 부를 때 '앞다리가 쑥, 뒷다리가 쑥'이 나오는 부분은 목소리의 크기와 높이를 조금은 과장된 표현으로 재미있게 불러주세요.

신체 표현하며 부르기

신체로 표현하기 좋은 동요 가사가 나온다면 주저 없이 몸으로 표현해주세요. 〈작은 동물원〉을 부를 때 '푸 푸 개구리, 집게 집게 집게 가재, 푸르르르르르르 물풀, 소라!', 〈악어떼〉를 부를 때 '정글 숲을 지나서 가자 엉금엉금 기어서 가자' 등 가사에 맞게 신체 표현을 하다 보면 아이의 창의성도 발달합니다.

가사 바꾸어 부르기

아이가 즐겨 부르는 동요의 가사를 바꾸어 불러주세요. 〈비행기〉, 〈리 자로 끝나는 말〉, 〈곰 세 마리〉, 〈두꺼비집〉, 〈고기잡이〉 등의 동요에 눈앞에 보이는 것, 먹고 있는 음식, 하고 있는 놀이 등 현재의 상황을 가사로 만들어 불러주세요.

좋아하는 동요를 계속 부르게 두기

아이마다 조금씩 다르지만 푹 빠져서 좋아하는 몇 곡의 동요가 있습니다. 아이가 한두 곡의 동요에 꽂혀서 계속 그 노래만 듣고 부르더라도 놓아두세요. 아이는 지금 그 동요의 멜로디나 가사에 심취해 있는 중이니까요. 아이가 좋아하는 동요는 커가면서 많이 바뀐답니다.

동요를 부를 때에는 가르치려 하지 마세요

즐겁게 동요를 부르다가 어떤 부분의 가락 또는 리듬이 틀렸다고 중간에 끊으면 안 됩니다. 몇 소절을 부르다가 끊고, 다시 몇 소절을 부르기를 반복한다면, 아이들은 동요 부르기를 싫어하게 됩니다. 우리말을 배우듯이 반복된 자극을 통해서 자연스럽게 부르는 것이 좋습니다.

유아의 동요 부르기 — 음역에 대하여

18~36개월

이 시기는 노래 부르기의 접근기 단계로, 처음에는 두 음 정도로 노래를 부르다가 점차 다섯 음계로 노래를 부르기 시작합니다. 따라서 아이는 2~3음으로 구성된 〈곰 세 마리〉 같은 노래를 좋아합니다. 당연하지만 이 시기의 아이는 완벽한 음정으로 노래를 부르지 못합니다.

만 3~4세

제한된 범위 안에서 조금씩 정확히 노래를 부르는 단계입니다. 이 시기의 아이는 멜로디 형태나 노래에 음을 맞추려고 스스로 많은 노력을 합니다. 이렇게 노력을 많이 하는 아이는 보다 정확한 음정과 리듬을 구사할 수 있습니다. 이 시기에는 보통 레에서 라까지의 음역을 편안하게 부를 수 있습니다.

만 4세 이상

노래를 정확하게 부르는 단계입니다. 적절한 음악 경험과 훈련을 거친 유아는 발성의 범위를 확장하기 시작해 도부터 2옥타브 도까지의 음역을 낼 수 있습니다. 또 노랫말을 효과적으로 표현하려고 노력하며 자신의 소리를 가다듬기 시작합니다.

위의 발달 단계는 성별에 관계없이 매우 잘 들어맞습니다. 하지만 타고난 아이의 목소리 굵기에 따라서 실제 발현되는 음역은 달라집니다.

(Greenberg, M.(1979), Young Children Need Music, Englewood Cliffs, N.J.:Prentice-Hall Inc)

아이와 부모에게 추천하는 예술 동요

〈가을〉, 작사: 백남석, 작곡: 현제명

〈가재를 찾아서〉, 작사 · 작곡: 이순형

〈고향의 봄〉, 작사: 이원수, 작곡: 홍난파

〈과수원길〉, 작사: 이원수, 작곡: 홍난파

〈구슬비〉, 작사: 권오순, 작곡: 안병원

〈그림 그리고 싶은 날〉, 작사: 이강산, 작곡: 오세균

〈꿈이 크는 책가방〉, 작사: 김종영, 작곡: 손정우

〈나뭇잎 배〉, 작사: 박홍근, 작곡: 윤용하

〈내가 제일 좋아하는 말〉, 작사: 정하나, 작곡: 정예경

〈네 잎 클로버〉, 작사 · 작곡: 박영신

〈노을 지는 강가에서〉, 작사 · 작곡: 김봉학

〈노을〉, 작사: 이동진, 작곡: 최현규

〈뚱보새〉, 작사: 신천희, 작곡: 정재원

〈모래성〉, 작사: 박홍근, 작곡: 권길상

〈바람이었으면〉, 작사: 정태모, 작곡: 김태호

〈방울꽃〉, 작사: 임교순, 작곡: 이수인

〈별 내리는 들길에서〉, 작사 · 작곡: 김혜선

〈봄바람 등을 타고〉, 작사 · 작곡: 문원자

〈사과처럼 벼알처럼〉, 작사: 김원겸, 작곡: 김정철

〈산새 발자국〉, 작사: 김녹촌, 작곡: 전준선

〈새싹들이다〉, 작사 · 작곡: 좌승원

〈선생님 마음〉, 작사: 김상헌, 작곡: 오세균

〈섬 집 아기〉, 작사: 한인현, 작곡: 이흥렬

〈섬마을〉, 작사·작곡: 계훈복

〈소리는 새콤 글은 달콤〉, 작사: 박수진, 작곡: 김애경

〈솜사탕〉, 작사: 정근, 작곡: 이수인

〈수건 돌리기〉, 작사: 전유순, 작곡: 이용수

〈숲속을 걸어요〉, 작사: 유종슬, 작곡: 정연택

〈아기 다람쥐 또미〉, 작사: 한예찬, 작곡: 조원경

〈아기 염소〉, 작사: 이해별, 작곡: 이순형

〈엄마야 누나야〉, 작사: 김소월, 작곡: 김광수

〈예쁜 아기곰〉, 작사·작곡: 조원경

〈오빠 생각〉, 작사: 최순애, 작곡: 박태준

〈오솔길〉, 작사: 김원겸, 작곡: 김정철

〈외갓길〉, 작사: 심후섭, 작곡: 이수인

〈우산〉, 작사: 윤석중, 작곡: 이계석

〈은행잎 단풍잎〉, 작사: 어효선, 작곡: 박흥수

〈잠자리〉, 작사: 박수진, 작곡: 오은지

〈장미꽃〉, 작사: 김하나, 작곡: 김삼남

〈참 좋은 말〉, 작사: 김완기, 작곡: 장지원

〈파랑 색종이〉, 작사: 최향숙, 작곡: 손정우

〈하나가 되자〉, 작사·작곡: 진동주

〈하늘나라 동화〉, 작사·작곡: 이강산

우리 아이와 함께
음악회에 가요

07

태어나서 처음 음식을 맛보는 순간이 아이에게 중요하다고 합니다. 처음 음식을 먹었을 때 '아, 정말 맛있어'라고 느낀다면 그 음식을 좋아하게 됩니다. 반대로 '웩, 이건 뭐야?' 하고 느낀다면 그 음식을 좋아하기는 어렵지요.

음악회도 마찬가지입니다. 만약 부모님 중에서 '음악회는 딱딱하고 지루해……'라는 이미지가 떠오른다면 분명 음악회의 첫 경험이 그랬기 때문일 겁니다.

아이가 처음 혹은 어린 나이에 접하는 음악회를 '아, 정말 즐겁고 행복해'라고 생각하게 된다면, 아이는 음악회 관람이라는 건전한 취미와 교양을 가질 수 있습니다.

즐거운 경험을 선물하세요

저는 아이들을 키우면서 긍정적인 보상의 힘을 믿고 있습니다. 따라서 아이들과 크고 작은 음악회를 갈 때 몇 가지 방법을 활용하여 음악회와 즐거운 경험이 연관되도록 노력하고 있지요.

우리 가족은 음악회 가기 전에 일부러 시간을 내어 키즈 카페에 들립니다. 음악회와 키즈 카페라 하면 언뜻 이상하게 생각될 수도 있는데요. 음악회에 앞서 키즈 카페에서 신나게 놀며, 그날을 더욱 행복하게 기억하도록 만들기 위함입니다. 또 키즈 카페에서 에너지를 신나게 발산하고 나면 아이들은 음악회에 가서 진지하고 조용하게 관람하게 되지요. 요즘 학교에서 아침 활동 시간이나 중간 놀이 시간에 스포츠 활동을 하는 것도 비슷한 원리입니다. 몸으로 에너지를 발산하면 공부할 때 더욱 집중하게 되거든요.

여자아이들은 예쁜 옷을 입는 걸 참 좋아합니다. 하지만 유치원이나 초등학교에 갈 때 이런 옷은 활동에 제약을 주기 때문에 자주 입지 못하지요. 음악회에 갈 때 옷장 속에 아껴 두었던 드레스나 원피스, 흙 묻을까봐 신지 못했던 구두, 반짝이는 머리띠를 내어 주세요. 음악회를 가기 전 거울을 보며 예쁜 내 모습을 보는 일 또한 즐거운 경험과 추억이 될 것입니다. 예쁘고 멋진 옷을 입고 있으면 음악회 예절도 보다 자연스럽게 배울 수 있습니다.

또 한 가지 방법은 아이들이 좋아하는 음식을 사 주는 것입니다. 음악회에 가는 길이나 오는 길에 아이들이 좋아하는 음식점에 들릅니다. 이날만큼은 아이들이 고른 음식을 배부르게 먹게 합니다. 이제는 음악회에 가자고 하면 아이들은 자기들끼리 "오늘은 무얼 먹으러 갈까?" 하며 행복해합니다.

부모님의 지인이나 아이들의 친구가 초대하는 음악회에 갈 때는 꼭 꽃을 사 가지고 가세요. 아이들은 꽃집에서 꽃을 사는 일도, 꽃을 들고 다니는 것도 매우 좋아합니다. 연주가 끝나고 보관소에 맡겼던 꽃을 찾아 직접 전해 주는 기쁨은 더욱 큽니다.

가볍고 친근한 음악회로 시작하세요

어떤 부모들은 아이들의 첫 음악회로 명성 있는 오케스트라나 연주자의 공연을 욕심내고는 합니다. 사실 저도 그랬습니다.

몇 년 전, 빈 심포니 오케스트라가 대전에서 공연한다는 반가운 소식을 들었습니다. 상당히 부담되는 티켓 가격이었지만 음악에 관심을 보이기 시작한 큰딸을 위해 구입했습니다. 음악회를 관람하며 즐거워할 딸아이의 모습도 상상했죠.

공연 당일은 예상과 달랐습니다. 그리 먼 거리는 아니었지만 퇴근 시간이라 차는 밀렸고 공연장 주차장도 막히다 보니 생각보다 아이와 차 안에 오래 있게 되었습니다. 다행히 늦지는 않았지만 큰딸은 공연이 시작하고 약 20분 후 곤히 잠들어 공연이 끝날 때까지 숙면 상태로 있었습니다. 살짝 코도 골아서 다른 사람에게 방해가 될까봐 초조했고

저 역시 제대로 관람할 수 없었습니다.

몇 달 뒤 제가 사는 지역의 작은 문예 회관에서 〈피터와 늑대〉 공연이 있었습니다. 〈피터와 늑대〉는 프로코피예프라는 작곡가가 아이들을 위해 작곡한 곡입니다. 피터라는 소년이 오리를 잡아먹는 늑대를 잡는다는 이야기에 음악을 붙인 '음악 동화'지요. 우리 아이들은 특히 그 곡을 좋아했기에 좋은 기회라 생각하여 데리고 갔습니다. 작은 무대였고 음향 상태도 좋지 않았지만, 음악회 내내 아이들은 이 '음악 동화'에 흠뻑 빠져 감상하는 모습을 볼 수 있었습니다.

비싸고 좋은 음악회보다 가볍고 친근한 음악회가 아이에게 더 적합하다는 것을 느꼈습니다. 그 뒤로는 인근에서 열리는 음악회도 자주 찾아다니게 되었지요.

한 가지 더, 음악회에서 듣게 될 곡을 음반으로 구해 미리 집에서 틀어줍니다. 물론 아이들은 이 사실을 모르고 있다가 음악회에 가서 '어, 이거 어디서 많이 들어본 노랜데?' 하며 더욱 흥미롭게 관람한답니다.

얼마 전 학교 음악 수업 시간에 음악회에 대한 이야기를 학생들과 나누었습니다. 그러다가 3분의 2 이상의 아이들이 음악회에 가본 적이 없다는 사실을 알게 되었습니다. 농촌 지역이어서 음악회를 가볼 기회가 더욱 없었던 탓이었겠지요. 저는 아이들에게 음악과 친해질 수 있는 음악회를 선물해주고 싶었습니다. 교장 선생님도 흔쾌히 허락해주셨습니다.

음악회를 처음 경험하는 아이들이 최대한 친근해하는 음악회를 기획해야 했습니다. 1년 전쯤 인상 깊게 관람했던 금관악기 밴드 '반 브라스Van Brass'에게 공연 요청을 하며 저는 딱 한 가지만 당부드렸습니다. "우리 아이들에게 친근한 음악을 들려주세요."

몇 주 뒤 〈겨울왕국〉 OST 주제곡인 "나랑 눈사람 만들래?" 음악 소리가 강당에 울려퍼졌습니다. 웅장한 금관악기 밴드의 연주와 함께 말이지요. "선생님, 다음에 또 공연 보고 싶어요!", "언제 또 와요?" 등등 아이들의 반응도 폭발적이었습니다. 초등학생에게 금관악기란 상당히 생소한 악기지만 배우고 싶다고 말하는 아이들도 있었습니다.

만약 이 밴드가 한 번도 들어본 적 없는 음악을 연주했다면 어땠을까요?

클래식이 아니어도 괜찮아요

요즘에는 현대 음악과 세계 음악이 초등학교 교과서에 나오기도 합니다. 이러한 음악들은 우리에게 생소하고 난해하게 느껴지기도 하지요. 현대 음악에서는 바이올린을 켤 때 활 털이 아니라 활 대 부분으로 연주하기도 하고, 첼로를 북처럼 두드려 연주하기도 합니다. 음악 자체도 기존의 화음과 조성에서 벗어나 무화음 무조성으로 이루어져 있기도 합니다. 세계 음악은 일반적으로 많이 들을 수 있는 서양 음악, 동양 음악 외 아프리카, 남아메리카의 민속 음악까지 포함하는 큰 범주의 음악입니다.

현대 음악과 세계 음악은 평소에 흔히 접하던 음악과 다르기에, 아

랄랄라 움직이는 세계 음악 여행 〈음악당 달다〉 공연 사진

이들이 음악에 대한 견문을 넓히고 상상력을 자극하는 긍정적 효과를 발휘합니다.

세계 음악을 주제로 하는 공연을 학교에서 관람한 적이 있습니다. 사실 처음에는 큰 기대를 하지 않았지요. 그러나 예상치 못한 곳에서 등장하는 여러 악기, 익살스러운 연기와 연주 실력이 합쳐져 한 시도 눈을 뗄 수 없었습니다. 아이들도 새로운 퍼포먼스와 음악에 호기심을 보였고, 신나게 공연을 즐겼습니다. 평소 음악에 관심이 없던 학생들도 함께 웃고 즐기는 무대였지요.

아이들은 어른들의 예상보다 새롭고 신비한 것을 더 잘 받아들이는 능력이 있습니다. 혹시라도 근처에 현대 음악과 세계 음악 공연이 열린다면 아이와 함께 가보시길 권장합니다.

2부.

우리 아이의
숨겨진 음악재능 발견하기

주변에서 다들 음악적 재능은 '타고난다'던데   08

'우리 아이에게 어떤 특별한 재능이 있지 않을까?'

이러한 상상은 부모에게 커다란 행복과 기쁨을 가져다 줍니다. 부모는 아이가 빈 종이에 울긋불긋 낙서를 해 놓으면, 꽃밭을 그렸다며 '이 아이가 미술에 재능이 있는 것은 아닐까?' 생각합니다. 또 장난감 피아노를 치는 모습만 봐도 부모는 '우리 아이가 음악적 재능이 있는 것은 아닐까?' 하는 기대를 하며 즐거워합니다.

실제로 부모들이 원하는 가장 이상적인 진로는 '우리 아이가 가진 재능을 발견해서 그것을 키워 주는 것'이라고 합니다. 일찌감치 어렸을 적부터 한 분야에 재능을 발견하여 매진하는 아이들이 주위의 부러움을 한몸에 받는 까닭도 이 때문입니다.

많은 사람들이 음악적 재능은 타고나는 것이라고 말합니다. 과연 그럴까요? 많은 연구 결과에 따르면, 음악적 재능은 타고난다고 할 수 없습니다. 음악적 재능의 종류와 범위는 매우 광범위하고, 그 외에 영향을 미치는 다양한 요인이 있기 때문입니다. 또한 이 재능들은 후천적 노력에 의해서 발달하고 완성되기 때문에 어쩌면 '노력'이 음악적 재능의 객관적 지표라고 말할 수 있습니다.

시쇼어가 분류한 음악적 재능

앞에서 이야기한 것처럼 '이러한 것이 음악적 재능이다', '이 정도면 음악적 재능이 있는 것이다'라고 한마디로 말씀드릴 수는 없습니다. 하지만 몇 가지 나름의 기준으로 음악적 재능을 분류한 학자도 있습니다.

칼 에밀 시쇼어Carl. E. Seashore는 자신의 연구 『음악적 재능의 측정』(1915)에서 음악적 재능을 몇 가지로 구분해놓았습니다.

연관, 연상 재능Association

음악을 듣거나 연주할 때 어떠한 것을 떠올리는 능력입니다. 다시 말해 어떤 음악을 들었을 때 과거의 기억을 떠올린다거나, 어떠한 이미지를 그려낼 수 있는 능력을 말합니다. 점차 내려가는 선율을 듣고서 어떤 사람은 피아노 치는 손가락을 떠올립니다. 또 다른 사람은 바람에 흩날리는 수풀의 초록색을 떠올리기도 합니다. 이미지를 풍부하게 그려낼 수 있는 재능은 악기를 연주할 때에도 깊은 감성을 담을 수 있게 합니다.

정서, 공감 재능Affective

음악에 실리는 나의 태도나 정서를 말합니다. 음악을 감상할 때 같은 곡이라 하더라도, 연주자가 누구냐에 따라 곡에서 느껴지는 감정이 달라집니다. 연주자가 곡의 분위기를 해석하고, 자신만의 감성에 따라 재창조했기 때문입니다. 정서와 공감에 대한 재능은 이러한 해석과 창조에 중요한 역할을 하게 됩니다.

스스로 하려는 의지Willingness

스스로 음악을 공부하려는 의지를 말합니다. 음악은 누구가에겐 가장 좋아하고 탐구하고픈 대상일 수 있습니다. 하지만 또 다른 누구에게는 가장 하기 싫고 지루한 것일 수도 있지요. 전자의 경우는 재능이 있는 것입니다. 아이가 음악에 흥미와 호기심을 보이고 계속 배우려는 태도를 가진다면 이 역시 음악에 재능이 있다고 볼 수 있습니다.

뛰어남, 우월 재능Superiority

이것은 비슷하게 배운 아이들보다 뛰어난 성장 속도 혹은 우월한 재능을 말합니다. 이 재능은 주변에서 하는 평가를 통해 스스로 자각하는 경우가 많습니다. 같은 날 악기를 배우기 시작했더라도 배운 내용을 빠르게 소화하고 악기를 연주할 때 자신만의 느낌을 담아 잘 표현하는 아이는 이러한 음악적 재능이 있다고 볼 수 있습니다.

재능보다 중요한 것은 노력

음악은 타고난 재능의 영역이라는 말을 할 때, 사람들은 천재 작곡가, 특히 모차르트를 떠올릴 것입니다. 하지만 모차르트의 성장 과정을 안다면 재능보다 노력이라는 말에 고개를 끄덕일 것입니다.

모차르트의 아버지는 궁정 음악가이자 음악 교본과 바이올린 교본을 펴낸 당대의 훌륭한 음악교육가였습니다. 모차르트는 일곱째 막내아들이었습니다. 모차르트 전에 태어났던 5명의 자식이 모두 5세 이전에 사망하여 큰누나인 나넬과 모차르트만 살아남았습니다. 그의 아버지는 힘들게 얻은 막내아들에게 자신의 모든 음악적 에너지를 학대에 가깝게 쏟아부었습니다. 모차르트 연구자들은 모차르트가 어렸을 때부터 음악을 배우는 과정에서 혹사를 당했고, 무리한 순회공연 때문에 모차르트의 발육이 정상적이지 않았다고 말합니다. 실제로 모차르트는 키가 150cm에 못 미치고 얼굴과 귀도 기형적이었습니다. 또 약 36년의 짧은 생애를 마치고 요절했지요.

모차르트는 6세부터 작곡을 했다고 알려졌는데, 당시 그의 작품은 어린 아들이 노래를 흥얼거리는 것을 아버지 레오폴드가 악보로 옮겨 적은 것입니다. 처음 작곡한 7편의 피아노 협주곡은 기존에 작곡되어 있던 곡들의 음을 조금 바꾸거나 순서를 섞은 정도입니다. 모차르트가 본격적으로 작곡을 시작했을 무렵, 아버지는 자신의 작곡 활동을 그만두고 모차르트를 도왔습니다. 모차르트의 걸작으로 평가받는 작품은 거의 20세 이후에 쓴 곡이며, 이미 음악을 접한 지 17년, 작곡을 시작한 지 14년이 지난 시점입니다. 심지어 음악평론가 헤럴드 쇤베르크는 모차르트의 위대한 작품은 작곡을 시작한 지 20년이 지나 나온 점에 비추어볼 때, 모차르트의 재능은 늦게 발현됐다고 주장했습니다.

악기 신동과 천재 연주가들의 이름도 '음악적 재능'에 대해 이야기할 때 빠지지 않습니다. 유독 음악 분야에서는 '타고난 천재 연주가' '신이 내려주신 음악 신동'같이 선천적인 재능을 광고하는 듯한 문구가 자주 쓰입니다. 하지만 여기 한 연구 결과(존 파웰, 『우리가 음악을 사랑하는 이유』, 뮤진트리)를 보신다면 조금은 다르게 생각할 수 있을 것입니다.

영국에서는 음악 레슨을 받는 학생들에게 등급 시스템을 운영하고 있습니다. 매년 등급 시험을 쳐서 최고 등급인 8등급까지 올라가는 시스템이지요. 8등급에 이른 학생은 개인 연주회를 열 정도의 실력입니다. 음악 대학에서 공부할 자격 요건 또한 갖추게 됩니다. 연구자들은 능력 수준이 다양한 257명의 어린 음악가들의 데이터를 통해, 그들이 언제 등급 시험을 통과했는지를 비교할 수 있었습니다.

처음에는 역시 성취도가 높은 학생들이 남들보다 등급을 빨리 돌파한 것으로 나타났지요. 같은 기간에 소위 재능 있는 아이들의 등급이 빨리 올라간 것입니다. 하지만 더 면밀히 살펴보자, 평균적으로 다음 등급 시험을 통과하기 위해 들이는 연습 시간의 총량은 거의 비슷한 수치를 나타냈습니다. 1등급에서 2등급으로 가기 위해 학생들은 평균 200시간, 그리고 6등급에서 7등급으로 가는 데는 평균 800시간의 연습이 필요했습니다. 어떤 학생도 완전 초보자에서 8등급이 되려면 평균적으로 총 3,000시간 이상 연습해야 했습니다.

다른 연구에서도 마찬가지로 비슷한 결론이 나왔습니다. 한 음악 아카데미 학생들을 분석한 결과, 서로 다른 실력을 가진 학생들 사이에서 보이는 커다란 차이는 바로 혼사서 연습하는 시간의 차이였습니다. 뛰어난 학생들은 7,410시간, 잘하는 학생은 5,301시간, 평범한 학생이 3,420시간을 혼자 연습하고 있었지요. '1만 시간의 법칙'은 이곳에서도 적용되는 것 같습니다.

음악적 재능은 타고났다고 생각하는 까닭

사람들은 왜 유독 음악 분야에서 천재적으로 타고난 재능이 있어야 한다고 믿을까요?

첫째, 아주 어렸을 때부터 조기 교육이 가능하기 때문입니다. 곰곰이 생각해보면 수학, 바둑, 일부 체육 분야처럼 조기 교육이 가능한 분야에서 '재능을 타고났다'는 말을 많이 합니다. 반대로 철학, 미래학, 경제 분야의 신동은 없습니다. 그 이유는 여러 가지 학문에 대한 이해와 공부를 바탕으로 깊은 통찰을 해야 하기 때문에 조기 교육이 어렵기 때문입니다.

음악은 어떨까요? 음악은 조기 교육이 가능합니다. 음악은 어렸을 때부터 배우고 익힐 수 있는 지식과 기술이 풍부합니다. 또한 음악에 흥미를 느껴 스펀지처럼 쑥쑥 흡수하는 아이들도 제법 많습니다. 따라서 음악에는 신동들이 많고, 이 때문에 '역시 음악은 재능을 타고나야

해'라는 오해도 많습니다.

둘째, 늦은 나이에 시작한 사람이 어렸을 때부터 시작한 사람을 따라잡기 힘들기 때문입니다. 이것은 비단 학습의 결정적 시기critical period를 고려한 것만은 아닙니다. 어렸을 때부터 꾸준히 연습한 사람의 연습량을 늦게 시작한 사람이 따라갈 수가 없죠. 특히 악기를 시작하고 실력을 인정받아 전공하기로 마음먹은 후에는 연습량이 큰 폭으로 늘어납니다. 따라서 앞서 말한 '뛰어난 학생(7410시간)'에 훨씬 빨리 도달합니다. 이 아이들은 이미 뛰어난 학생이 되었기 때문에 더 많은 연주와 더 많은 공연을 하게 되며, 최상위의 목표를 세우고 많은 연습을 하게 됩니다. 성인이 된 후의 연습량은 최고 수준의 연주자나, 일반 연주자도 주 20시간 정도로 비슷합니다. 그래서 어릴 적의 연습량 차이는 평생 좁힐 수 없는 거리가 되지요. 만약 성인이 되어 악기를 시작한 사람이 7세부터 음악교육을 받은 13세 학생의 연주를 본다면 어떨까요? 아마 자신과는 차원이 다른 천재로 보일 것입니다.

셋째, 많은 사람들이 음악적 지능은(재능이 아닙니다) 다른 지능과 구별된 별도의 지능이라고 믿기 때문입니다. 음악이 별도의 지능임을 예로 들을 때 자주 인용되는 것이 하워드 가드너Howard Gardner의 『다중지능Multiple Intelligences』입니다. 교육에 관심 있는 분이라면 들어본 이론일 것입니다.

가드너는 인간의 지능을 나름의 연구 결과와 과학적 증거를 통해 7개 영역으로 구분하였습니다. 바로 음악 지능, 신체 운동 지능, 논리 수학 지능, 언어 지능, 공간 지능, 인간 친화 지능, 자기 성찰 지능입니다. 음악 지능을 서두에 기술한 것이 인상적입니다만, 가드너는 각각의 지능은 구분할 수 있을 뿐 독립되어 작용하는 것이 아님을 분명히 하였습니다. 또 그는 음악 지능에 대하여 말했습니다. "뇌의 특정 부분은 음악의 지각과 생산에서 중요한 역할을 담당한다. 음악적인 기술은 자연적인 언어만큼 뇌 속에 분명히 위치하고 있지 않지만, 뇌의 우반구에서 담당하고 있는 것은 분명해 보인다. 뇌 손상으로 음악 능력이 어떤 영향을 받는지는 훈련의 정도와 각 개인의 특성에 달려 있지만, 음악 능력의 선택적 상실이 일어난다는 명백한 증거가 있다"라고 뇌의 한 영역에서 음악적 기술에 대한 지능이 존재한다고 말했을 뿐, 음악적 지능은 타고난 사람만 있다든지 발전시킬 수 없다는 말은 하지 않았습니다.

음악 분야에서는 타고난 재능보다는 음악을 즐기는 것, 높은 성취를 목표로 도전하는 것, 집중해서 연습하는 것 등이 더 중요합니다. 이 것들은 보통의 인내와 노력으로는 완성하기 힘들기에, 위대한 음악가와 연주가는 존경을 받습니다.

모든 아이는 음악을 잘할 수 있는 능력이 있고, 재능을 개발할 수 있습니다. 아이에게 열정과 끈기, 확고한 목표만 있으면 누구나 음악을 할 수 있다고 말해주세요.

절대음감은
상대음감보다 좋을까

한 텔레비전 프로그램에서 귀여운 다섯 살배기 아이가 피아노 소리를 듣고 음을 맞히기 시작합니다. 장내에 있던 방청객들은 술렁입니다. 심지어 화음을 동시에 눌러도 맞힙니다.

"미, 솔, 시."

어떠한 음이 같이 연주되더라도 그 음들을 정확히 맞히는 이 아이는 절대음감을 가진 아이입니다. 우리나라에서는 절대음감이라는 능력을 특히 높게 사는 경향이 있습니다. 부모님들도 아이의 음악적 재능을 절대음감으로 판별하시는 분도 있지요. 대체 이 절대음감이라는 것은 무엇이고 또 어떻게 만들어지는 것일까요?

절대음감은 어떻게 만들어지는가

2000분의 1의 확률로 있다는 절대음감은 보통 타고나는 것이라고 생각합니다. 음의 절대음. 음의 고유 주파수를 정확히 알아내는 능력은 결코 보통 수준의 음감이 아니기 때문입니다.

과거에는 실제로 많은 과학자들이 절대음감은 선천적으로 타고나는 능력이라고 여겼습니다. 절대음감을 가진 음악가 집안의 유전 가계도를 살펴 조사해보니 선대와 친척들 중에 절대음감을 가진 사람들이 많았기 때문입니다.

하지만 1990년대에 미국의 연구팀에서 밝힌 연구 결과를 살펴보면 절대음감을 지닌 사람은 대개 조기교육, 6세 이전에 음악교육을 시작했다는 공통점을 가지고 있었다고 합니다. 절대음감은 교육과 훈련을 통해 생기는 후천적 능력이라는 것이지요.

서로의 주장이 팽팽한 가운데 절대음감이 선천적 능력인지 후천적 능력인지에 대해서는 아직도 정확히 밝혀지지 않았습니다. 하지만 확실한 것은 선천적으로 절대음감을 가지고 태어난 비율이 후천적으로 절대음감을 터득한 비율보다 훨씬 적다는 것입니다.

그렇다면 우리는 여기서 하나의 사실을 도출할 수 있습니다. 절대음감도 얼마든지 후천적으로 길러질 수 있다는 사실을 말이지요.

절대음감과 상대음감이란 무엇인가

절대음감과 상대음감이라는 낱말을 보았을 때 어떤 느낌인가요? 서로 반대되는 뜻 같지 않나요? 혹은 절대음감이 아닌 사람은 상대음감인 것처럼 느끼지 않았나요? 하지만 이는 모두 잘못된 개념입니다. 절대음감과 상대음감은 한 사람이 다 가지고 있을 수도 있고, 상대음감만 가질 수도, 모두 다 갖지 않을 수도 있습니다.

두 가지의 개념에 대한 정리를 해보겠습니다.

두 개념은 음감을 형성하고 있다는 공통점이 있습니다. 여기서 말하는 음감이라는 것은 음의 높낮이라고 할 수 있는 음도를 말합니다. 듣고 있는 음 중에서 어떤 음이 높고 어떤 음이 낮은지를 구분할 수 있는 개념 정도로 알고 계시면 됩니다. 하지만 절대음감과 상대음감은 음을 듣고 구별하는 방식이 다릅니다.

먼저 절대음감이란 음을 듣자마자 그 음의 절대 음을 알고 구분하는 것입니다. 만약 피아노에 앉아 아무 음을 쳤을 때 바로 어떤 음인지 맞힌다면 절대음감이라고 할 수 있지요. 여기서 중요한 것은 기준 음 없이 바로 연주되는 음을 정확하게 알아낸다는 것입니다. 기준 음이 없다는 것은 음을 소리 내기 전 스케일이나 기준이 되는 어떠한 음도 제공하지 않았다는 뜻이지요.

상대음감이란, 기준 되는 음이 없다면 그 음이 어떤 음인지 정확하게 짚어낼 수 없습니다. 단, 스케일이나 기준이 되는 음을 제공했을 때는 음을 계산해서 정확히 알아낼 수 있습니다. 예를 들어 C Major(다장조) 음계를 한 번 듣고 나서 음을 쳤을 때 맞힐 수 있는 것이지요. 하지만, C Major(다장조) 대신 D Major(라장조) 음계 스케일을 듣는다면 '레 (D)'를 쳤을 때 '도'라고 대답합니다. '도'라고 대답한 것은 상대음감의 기준에서 보면 맞는 대답입니다. 하지만 절대음감인 사람은 틀렸다고 주장할 수 있지요.

절대음감인 소프라노 조수미는 음대에 다닐 때 G Major(사장조)를 이동도법으로 읽을 때 '솔'을 '도'로 읽어야 해서 머릿속이 완전 뒤죽박죽 됐었다고 하지요.

절대음감과 상대음감은 비슷하면서도 조금 다른 개념입니다. 집에서도 아이들과 함께 절대음감인지 상대음감인지 한번 재미있게 테스트해보세요!

절대음감과 상대음감의 좋은 점

한 가지 궁금증이 생깁니다. 절대음감이나 상대음감이 있을 때 과연 어떤 점이 좋은 것일까요?

절대음감이 있을 때 좋은 점을 살펴보겠습니다. 절대음감은 머릿속에 각 음에 대한 구별이 가능하기에 모르는 곡이 흘러나와도 구성하는 음들을 바로 파악할 수가 있습니다. 약간의 연습과정을 거치면 듣고 바로 연주할 수도 있습니다. 정확한 음에 대한 기준이 있기에 대선율이 파악되면 어울리는 화성도 곧잘 짚어냅니다. 대선율과 어울리는

지 어울리지 않는지를 머릿속으로 그려볼 수 있기 때문입니다.

보통 사람들보다 음이 빠르게 계산되기 때문에 음악을 이해하고 표현하는 것도 장점입니다. 음악을 하면서 절대음감이 있다는 것은 좋은 음악적 기초능력을 가지고 있다고 표현할 수 있습니다.

상대음감이 있을 때 좋은 점을 살펴보겠습니다. 절대음감을 유난히 우리나라에서는 높게 평가하는 경향이 있지만, 외국에서는 작곡이나 연주에 필요한 기본적인 상대음감만 갖춘다면 음악활동을 하는 데 전혀 지장이 없다고 평가합니다.

상대음감은 절대음감을 가진 사람들보다 음악적으로 받아들일 수 있는 포용력이 큽니다. 절대음감을 가진 사람들이 오히려 정확한 음의 기준 때문에 실험적이고 창조적인 음악을 어려워하는 경향이 있지요. 왜 그럴까요? 절대 음감들은 음의 화음이나 변화에 예민하고 정확하기 때문입니다. 그래서 불협과 협화음을 넘나들고 난해한 변화가 시도되는 현대의 창조적이고 실험적인 음악에는 절대음감이 수용하지 못하는 모습을 보이기도 합니다.

상대음감을 가진 사람들은 화성을 머릿속에 구조화 하는 것을 즐깁니다. 마치 블록을 쌓는 것처럼 말이죠. 음의 구조들을 나누었다가 합쳐보기도 하고, 아래 있는 음을 이동해서 맨 위로 보내보기도 합니다. 이런 다양한 화성에 대한 구조화를 잘하기 때문에 상대음감이 발달한 아이들은 변조에 금방 익숙해집니다.

상대음감을 가지고 있어도 얼마든지 후천적인 노력에 따라 절대음감이 되기도 합니다. 한 성악가는 어렸을 때 절대음감이 아니었는데,

노래연습을 할 때 기준이 되는 음을 외우기 위해 노력하다 보니 절대음감이 되었다고 했습니다.

또한 간혹 절대음감인데도 음악에 대해 전혀 관심이 없고 박치인 경우도 있습니다.

절대음감과 상대음감, 어떤 게 좋은 건지 판단하기 힘드시죠? 이 둘은 서로 상충되는 개념이 아니라 서로 다른 역할과 특성을 가진 개념이기에 무엇이 더 좋다 나쁘다의 판단 자체가 성립될 수 없습니다.

따라서 우리 아이에게 절대음감이 '있다, 없다'는 음악교육을 하는 데 크게 고민하거나 실망할 거리가 아니랍니다.

우리 아이의 귀는
아홉 살에 완성된다

음악교육의 시작은 언제일까요? 피아노에 앉거나, 바이올린 레슨을 시작할 때일까요? 음악교육은 귀로 충분히 음을 듣고 익히는 것으로 부터 시작됩니다.

청각은 엄마 배 속에서부터 발달하고 성장합니다. 임신 초기의 태아는 귀가 발달하지 않아 소리를 들을 수 없지만, 이때부터 음악교육은 시작되고 진행됩니다. 바로 진동을 통해 소리를 느낄 수 있기 때문이지요.

생후 3~4개월은 아이에게 청각적인 자극 훈련이 특히 필요한 때입니다. 이 시기에 측두엽에서 시냅스 성장과 수포 형성이 매우 활발하게 이루어집니다. 측두엽은 뇌 중에서 청각과 연관된 부위입니다. 따라서 이 시기의 청각적인 자극 훈련은 뇌 스냅스의 활성화에도 엄청난 도움이 된다고 합니다.

이 시기 아이들의 청각적인 자극 훈련으로 최고의 효과를 줄 수 있는 것, 바로 음악입니다.

귀는 아이의 성장과 함께 완성된다

음악교육 학자 에드윈 고든은 "생후 2년간 받게 되는 음악적 자극에 비례하여 음악과 언어의 자질이 발달한다"고 말했습니다. 어린아이에게 음악을 많이 들려줄수록 음악과 언어의 자질이 발달한다는 말입니다.

고든의 연구 결과를 살펴보면, 아이의 귀는 생후 2년 동안 급속히 발달합니다. 다시 말해 이 시기가 아이의 귀 발달에는 매우 중요한 시기라고 볼 수 있겠지요. 그래서 생후 2년 간 아이가 시끄럽고 의미 없는 소음에 많이 노출되지 않도록 특별한 주의가 필요합니다.

그렇다면 생후 2년 동안에는 아이에게 어떤 소리를 들려주어야 좋을까요?

첫째, 태교할 때 들었던 음악을 자주 들려주세요. 아이들이 거부감 없이 청각적인 자극을 받아들일 수 있고, 음감 발달에도 도움이 됩니다.

둘째, 장작 타는 소리, 물소리, 빗소리, 바람 소리 같은 자연의 소리를 들려주세요. 이러한 자연의 소리는 아이들의 정서 발달에 도움을 줍니다.

셋째, 아빠와 엄마의 목소리로 사랑스럽게 아이의 이름을 불러 주세요. 이름을 넣어 노래를 불러 주어도 좋습니다. 아이는 배 속에 있을 때부터 익숙하게 들어온 목소리에 안정감을 갖게 됩니다.

다시 고든의 연구로 돌아가 보면, 아이의 귀는 2세에서 9세가 될 때까지는 완만한 곡선을 이루며 발달합니다. 청각과 듣기 능력 발달 정도는 특히 4~6세에 절정을 이룹니다. 4~6세에는 음에 대한 감각과 리듬감 또한 비약적으로 발달합니다. 다양한 음악을 들을 때, 노래를 부를 때, 주변에서 들려오는 다양한 소리에 귀를 기울일 때, 이러한 감각은 성장합니다.

7세부터 9세까지 아이를 좋은 음악에 꾸준히 노출한다면, 성장과 발달에 도움이 됩니다. 하지만 9세 이후는 아무리 자극을 많이 주더라도 그 이전에 성장한 만큼의 발달은 이루어지지 않습니다.

음악교육은 태교부터 9세 이전까지 귀가 완성되는 동안 함께 이루어지면 좋습니다. 아이가 음악적 환경을 빨리 그리고 많이 접할수록 보다 높은 수준의 언어적, 음악적 잠재력을 가지고 성장하게 됩니다.

똑똑하면 음악을 잘하는 걸까, 11
음악을 배우면 똑똑해지는 걸까

똑똑하면 음악을 잘하는 걸까

악기를 잘하는 데다 공부도 잘하는 아이들은 부러움의 대상입니다. 이런 아이들은 '엄친아'처럼 주변에 한둘은 있기 마련인데요. 머리가 똑똑하면 음악도 잘하는 것일까요? 몇몇 사례를 보면 맞는 말 같기도 합니다. 천재 과학자 아인슈타인은 바이올린의 명수였습니다. 또 '오일러의 공식'으로 유명한 수학자 오일러는 음악 이론 책을 집필하기도 했지요. 예전에 카이스트에서 연수를 받을 때, 피아노가 있는 휴게실에서 놀랄 만한 연주를 하는 학생들을 보고 감탄했던 기억이 떠오르기도 합니다.

많은 사람들은 똑똑하면 음악도 잘하는 것인지 궁금해합니다. 이 이야기를 풀기 위해서는 먼저 '똑똑하다'는 의미의 정의가 필요합니다. 일반적으로 아이에게 똑똑하다고 하는 말은 여러 의미를 포함하고 있습니다. 말을 잘하고 논리적이다, 신체의 움직임이 날쌔다, 과제 집착력(집중력)이 있다, 계산을 잘한다 등입니다. 이것들은 악기를 잘하기 위한 충분조건이라고 할 수 있습니다. 우리 아이가 어떤 면에서 똑똑한 것인지, 다시 말해 음악교육을 받거나 악기를 배울 때 우리 아이의 어떤 점이 강점이 될 수 있을지 부모가 관심을 가지고 살펴봐야 합니다.

말을 잘하고 논리적인 아이

악기를 배울 때 선생님과의 상호 작용에 유리합니다. 선생님의 가르침도 잘 알아듣고, 자신이 모르는 것도 잘 물어봅니다. 또한 생소한 음악 용어 습득에 있어서도 유리합니다.

신체의 움직임이 날쌘 아이

악기를 배우며 부딪치게 될 익숙하지 않은 신체의 움직임을 유연하게 익힌다는 강점이 있습니다. 이렇게 운동신경과 협응력이 좋은 아이는 남들이 표현하기 어려워하는 빠른 연주도 잘하곤 합니다.

과제 집착력이 높은 아이

과제 집착력이 높은 아이는 악기를 배울 때 오랫동안 집중할 수 있습니다. 악기를 처음 배울 때에는 최소 20분 이상 집중해야 하는데, 과제 집착력이 높은 아이들은 훨씬 긴 시간을 몰입하곤 합니다. 스스로 과제에 매달려 해결해본 경험이 있기 때문에 어려운 스킬이나 포지션이 나와도 잘 참고 익힙니다.

계산을 잘하는 아이

공대, 의대, 카이스트 등 이과 계열의 대학생 중에도 취미로 음악이나 작곡 활동을 하는 학생들이 많다는 사실을 혹시 알고 계셨나요? 바로 음악이 수학과 밀접한 관계가 있기 때문입니다. 음악의 3요소는 리듬rhythm, 가락Melody, 화성harmony입니다. 놀랍게도 이 세 가지는 모두 수학과 관계됩니다.

리듬은 음의 길고 짧음으로써 박자마다 기준이 되는 음표를 수학적으로 더하고 뺀 것들을 조합한 것입니다.

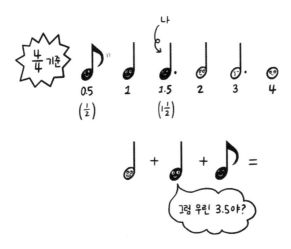

중세의 목판화. 첫 번째 그림에는
망치질하는 사람들이 나오며,
다른 그림에는 소리에 대해 여러 가지
실험을 하는 피타고라스가 보인다.

가락은 음의 높낮이를 말하며, 음높이의 상대적인 관계를 뜻합니다. 최초의 음률은 수학자인 피타고라스가 만들었습니다. 대장간 옆을 지나가다가 두 명의 대장장이들이 내리치는 망치 소리가 아름다워 연구한 끝에 음률을 구안했죠.

화성은 음과 음을 수직적으로 쌓아서 만든 것으로, 수학적으로 음률이 다른 두 음의 황금 비율 조화라고 할 수 있습니다.

수학 능력과 음악 능력이 연관되어 있다는 점에는 이견이 있을 수 있습니다. 물리학자이며 음악가인 존 파웰은 그의 책『우리가 음악을 사랑하는 이유』에서 음악 능력이 수학 솜씨와 연관된다는 주장은 낭설일 가능성이 있다고 하였습니다. 그가 음악능력과 수학적 솜씨는 연관이 별로 없다고 하며 근거로 든 논문이 있습니다. 미국 수학 협회

성인 회원들과 현대 언어 협회 회원들의 음악 능력을 비교한 연구(J. Haimson, D. Swain, and E. Winner, "Are Mathematicians More Musical Than the Rest of Us?" Music Perception 29(2011): 203-213.)입니다.

하지만 이 연구는 첫째, 아이들에 대한 연구가 아니고, 둘째, 이미 성인이 된 수학자들이 비 수학자보다 음악 능력이 더 좋은지에 대한 조사였고, 셋째, 비교 집단이 수학 협회, 현대 언어 협회 회원으로 둘 다 소위 학문적 상위 계층이었습니다. 앞서 말씀드린 것처럼 언어 능력도 악기를 배울 때 큰 도움이 되는 것이 사실입니다. 따라서 내 아이가 수학에 관심이 있고 수리적 계산이 뛰어나다면, 처음 악기나 음악을 접했을 때 즐거움을 느낄 가능성이 크고 배우는 속력이 빠를 수 있습니다.

훌륭한 연주자가 되기 위해서는 수많은 연습과 음악 공부에 정진해야 하며, 음악을 사랑하는 마음 등을 갖춰야 합니다. 하지만 어렸을 적에 위와 같은 '똑똑함'을 갖춘 아이들이 쉽게 악기를 배운다는 것은 자명한 사실입니다. 우리 아이가 음악을 잘하기 위한 어떤 강점이 있는지를 잘 살펴주세요.

음악을 배우면 똑똑해지는 걸까

"모차르트의 음악을 들으면 똑똑해진다." 누구나 한번쯤은 들어 보았을 이 말은 과연 어디에서 왔을까요? 저도 한 음악교육 연수에 참석했을 때 이 말을 들어본 적이 있습니다. 음악교육 연수 강사는 아이를 똑똑하게 키운 두 가지 비법을 말씀하셨는데, 한 가지는 모차르트의 음악을 많이 들려주었다는 것이고, 또 한 가지는 아이에게 말을 아주 많이 했다는 것입니다.

'모차르트 효과'로 잘 알려진 연구의 기원은 1993년으로 거슬러 올라갑니다. 미국 어바인 소재 캘리포니아대학 프랜시스 라우셔 교수팀은 모차르트의 소나타를 들려준 집단이 단순 음악을 들은 집단, 음악을 듣지 않은 집단보다 '공간 시간 추론', '형태 비교', '패턴 사이의 관계 감지' 능력이 더 좋아졌다고 주장했습니다. 모차르트 소나타가 뇌 안에 있는 신경세포의 연결망을 늘어나게 했다는 것이지요. 당시 실험에 사용했던 〈두 대의 피아노를 위한 소나타 D장조(K488)〉 음반이 선풍적인 인기를 끌기도 하였습니다.

하지만 아쉽게도 그 뒤 비슷한 연구에 도전한 연구팀들이 재연에 실패하며 '모차르트 효과'는 상당 부분 부정되었습니다.

비록 모차르트의 음악을 들으면 똑똑해진다는 '모차르트 효과'는 검증되지 않았지만, 최근 들어 악기를 배우면 똑똑해진다는 연구가 발표되고 있습니다. 그럼 지금부터 캔버라대학교 음악교육 교수이자, 신경 음악 학자인 애니타 콜린스(Anita Collins)의 강의 내용(Ted-ed)을 잠시 살펴보겠습니다.

악기 연주가 우리 뇌에 미치는 영향

음악가들이 악기를 연주할 때 두뇌 전체에서 불꽃이 터진다는 사실을 알고 계셨나요? 겉으로는 그냥 연습한 연주를 하는 것처럼 보일지 모릅니다. 하지만 두뇌 속에서는 파티가 열리고 있습니다. 이걸 어떻게 아냐고요? 사실 최근 몇 십 년 동안 신경 과학자들은 엄청나게 획기적인 발전을 이룩해왔고, fMRI와 PET 스캐너 같은 장비를 사용해 실시간으로 두뇌를 관찰하면서 두뇌가 어떻게 작동하는지에 대한 이해의 폭을 넓혔습니다.

악기를 연주하면 실제로 한꺼번에 두뇌의 모든 영역이 활동합니다. 특히 시각, 청각 그리고 운동 피질의 활동이 활발해집니다. 엄격하고 구조화된 연습이 두뇌 기능을 강화시켜주고, 그 힘을 다른 활동에 적용할 수 있게 합니다. 이러한 이유로 음악 연주는 두뇌 뇌량의 부피와 활동을 증강시킨다고 밝혀졌습니다. 그래서 음악가들은 문제를 더 효율적이고 창의적으로 해결하는 고도의 운영 기능을 가지고 있습니다. 또한 기억 시스템의 기능에도 영향을 미치는데, 정말이지 음악가들은 빠르고 효율적인 기억력을 보여줍니다.

처음에 인지 기능과 신경 처리가 같은 수준에 있던 참가자들을 무작위로 선정해 연구한 결과, 음악 학습을 일정 기간 했던 사람들은 다른 사람들보다 뇌의 여러 영역에서 발전을 보였습니다.

 Anita Collins, How playing an instrument benefits your brain, Youtube, https://www.youtube.com/watch?v=R0JKCYZ8hng

요요마에게서 배우는, 우리 아이 음악 재능 깨우는 법

12

"첼로 1대, 관객 8천 명, 요요마가 한국에 온다!", "천재 첼리스트", "700만 장 앨범을 판매한 첼리스트".

2019년 9월, 요요마의 내한 공연 때 볼 수 있었던 홍보 문구들입니다. 연주하는 악기는 오직 첼로 한 대. 얼핏 지루해 보일 수 있는 이 공연은 한국에서도 올림픽공원에서 열릴 만큼 대규모였으며, 수많은 팬들로 일찌감치 매진되었습니다.

조용한 밤, 헤드폰을 끼고 눈을 감은 채 유명 연주자들의 연주를 감상하고 있노라면 세상을 다 가진 듯 편안한 마음이 듭니다. 라이브 연주이기에 불안한 음정이 한두 개 들리기도 하지만, 그것 역시 음악의 일부가 되어 거슬리지 않지요. 하지만 요요마의 라이브 연주에서만큼은 놀랍게도 불안한 음정을 들어본 적이 없습니다. 빠르게 휘몰아치는 속주 부분, 이를테면 〈파가니니의 카프리스 24번이나, 로시니 주제에 의한 변주곡〉을 연주할 때에도 평안한 표정을 지으며 손가락을 자유자재로 움직이는데, 마치 사람이 아닌 것 같다는 생각이 들기도 합니다.

요요마에 대한 놀라움은 그가 살아온 삶에 대한 궁금증으로 이어졌습니다. 그의 삶을 자세히 살펴보면 혹시나 첼로의 노하우나 비법을 찾을 수 있지 않을까 하는 막연한 생각이었지요. 요요마에 대한 책과 기사를 스크랩하며 그의 발자취를 따라가 본 결과, 아쉽게도 연주에 대한 특별한 노하우나 비법은 없었습니다. 하지만 음악적 재능을 키울 수 있는 메시지는 찾을 수 있었습니다.

음악과 친해지는 환경 만들기

아이의 음악 재능을 깨우기 위해서는 먼저 '음악과 친해질 수 있는 환경'을 만드는 게 중요합니다.

요요마는 요람에서부터 음악에 둘러싸여 자랐습니다. 그의 어머니 마리나 마가 쓴 책 『내 아들, 요요마』를 보면, 요요마는 어려서부터 아버지와 누나가 연주하는 클래식 음악을 수없이 들었다고 합니다. 특히 바흐와 모차르트의 음악은 머릿속에 각인되어 어떠한 곡이 나와도 자연스럽게 대선율을 흥얼거릴 정도였습니다. 또한 그의 어머니 역시 오페라 가수여서 집에서 자주 노래를 듣고 부르는 연습을 했다고 합니다. 요요마도 자연스럽게 어머니를 따라 노래를 가까이하며 즐겨 부르는 아이로 성장하였구요.

요요마 가족처럼 직접 음악을 들려주지는 못하더라도, 음악에 아이를 노출시켜 음악과 친해지게 만드는 방법은 있습니다. 정해진 시간에 비슷한 장르의 음악을 묶어서 반복적으로 들려주는 것입니다. 아이들은 스펀지 같아서 규칙성을 띤 음악에 반복적으로 노출시키면, 처음에는 익숙하지 않은 음악일지라도 나중에는 아주 친숙함을 느끼게 됩니다.

여느 집과 마찬가지로 정신없는 아침 시간, 저는 클래식 음악을 틀어놓습니다. 첫째를 임신했을 때부터 시작된 우리 집의 규칙이지요. 매일 아침마다 듣다 보니, 처음에는 클래식에 익숙해하지 않던 아들인 셋째까지 어느새 음악을 즐기고 있습니다. 마디마디 페이드아웃이 되는 부분에서는 눈을 작게 뜨고 손동작도 점점 작게 합니다. 심벌즈 소리가 크게 나오며 분위기가 전환되는 부분에서는 마치 자신이 연주자인 것처럼 허공에 심벌즈를 치기도 한답니다. 방을 함께 쓰는 큰딸과 작은딸은 음악 동화 전집을 살 때 딸려온 클래식 CD를 몇 달 전부터 틀어놓고 잠듭니다. 아이들은 그 음악을 잠이 잘 오는 음악이라고 부른답니다.

이처럼 규칙적인 시간에 비슷한 음악을 반복적으로 감상하다 보면, 나도 모르는 사이에 음악과 많이 친해져 있습니다. 나중에는 음악의 흐름과 특징까지도 자연스럽게 이해하게 됩니다. 아이의 음악 재능을 깨우고 싶다면, 아이가 음악과 친해질 수 있는 환경을 만들어주세요.

아이의 뜻을 존중하고 대화하기

처음 요요마의 부모는 누나와 마찬가지로 그에게 바이올린을 배우도록 했습니다. 그러나 예상 밖으로 그는 바이올린 연주에 그리 큰 흥미를 보이지 않았습니다. 나중에 알고 보니, 요요마는 아무리 열심히 해도 누나보다 잘하지 못할 것 같아 흥미가 없는 척했다고 합니다.

그러던 어느 날, 요요마는 갑자기 바이올린보다 큰 악기를 배우고 싶다고 합니다. 그 말을 들은 부모는 고심 끝에 그에게 바이올린보다 살짝 큰 비올라를 선물했지요. 한동안 요요마는 곧잘 비올라를 배웠습니다. 하지만 어느 날 음악회에 갔다가 커다란 콘트라베이스를 가리키며 이렇게 말했습니다. "엄마, 나 저 악기 배우고 싶어요!"

여러분이었다면 어떻게 대답했을까요?

1번, "그냥 배우고 있는 비올라나 열심히 하자."

2번, "바이올린에서 비올라로 바꾸더니 이젠 콘트라베이스냐?"

3번, "콘트라베이스는 너무 커서 엄마나 아빠처럼 크기 전에는 안된다."

요요마의 부모는 처음에 3번의 대답을 하였습니다. 하지만 아들이 스스로 원하는 악기를 지목했다는 점, 그리고 그 악기에 대한 굳은 의지를 보였다는 점을 존중하여 얼마 후 작은 첼로를 선물하였습니다. 만약 요요마의 부모님이 3번의 대답을 하고 나서 아들의 의견을 가볍게 여겼더라면 지금의 세계적인 첼리스트는 존재하지 않았을 것입니다.

아들이 진로에 대한 고민을 할 때에도, 심지어 사춘기에 미성년자의 신분으로 술을 마시고 방황을 할 때에도 요요마의 부모는 그의 생각과 의견을 존중하며 대화 상대가 되어주었습니다. 어린아이일지라도 자신의 선택에 대해 부모가 먼저 존중하는 자세를 보인다면, 아이는 책임감을 가지고 최선을 다하게 됩니다.

끊임없이 연주 무대 만들기

하얀 드레스와 검은 턱시도, 넓은 무대에 드리운 자주색 커튼, 노란 불빛이 화려하게 빛나는 곳, 바로 무대입니다. 첼로 신동이었던 요요마는 어렸을 때부터 큰 무대에서 연주할 기회가 많았습니다. 하지만 요요마의 연주 무대가 처음부터 그렇게 컸을까요?

요요마의 부모는 그가 악기를 배우기 시작한 이후부터 계속 소소한 무대를 만들어주었습니다. 주변의 이웃을 초대하고 음악을 하는 친구들도 불렀지요, 심지어 첼로 선생님을 구할 때에도 연주할 수 있는 무대를 만들어주었습니다. 이후 미국으로 이사하고 나서도 마을의 작은 강당에서 연주회를 열었으며, 학교에서는 오케스트라 활동을 통해 단체 무대에도 서볼 수 있도록 했습니다.

아이가 방 안에 틀어박혀 혼자 연습만 한다면 재능을 꽃피울 수 있을까요? 음악적 재능은 함께 호흡하는 관객과 그들의 격려를 받아 비로소 꽃필 수 있습니다. 무대의 크기나 관객의 많고 적음은 결코 중요하지 않습니다.

저도 자녀들이 악기를 배우기 시작했을 때부터 집에 손님이 오면 거실에서 몇 번 무대를 만들어주었습니다. 무대의 중요성을 잘 알기 때문입니다. 이제는 시시때때로 아이들 스스로 여는 작은 음악회가 열립니다. 음악회 계획과 진행도 척척입니다. 가끔은 너무 길어서 손님에게 미안할 정도이지요. 그날의 상황과 기분에 따라서 리듬 합주를 하기도 하고, 노래를 부르기도 합니다. 하지만 꼭 후미의 한두 곡은 최근에 진지하게 연습했던 연주곡을 넣습니다.

이때, 저는 아이들의 표정을 유심히 관찰합니다. 작은 무대지만 연주하는 순간의 진지함, 약간 긴장한 듯한 눈빛, 음악에 심취한 표정이 포착되는 순간이 있습니다. 그때가 바로 아이들이 무대를 느끼며 음악적으로 성장하는 순간이랍니다.

지금 이 글을 읽는 부모라면, 오늘 작은 음악회를 열어보는 건 어떨까요? 오늘의 작은 시도가 우리 아이의 음악 재능을 깨우는 역사적 순간이 될 수도 있으니까요.

음치인 우리 아이
어떻게 하면 좋을까

13

음치, 박치, 기계치, 몸치까지. 치(癡) 형제들은 주위 사람들에게 큰 재미를 선사하기도 하지만, 당사자는 숨기고 싶은 경우가 많습니다. 혹시 우리 아이가 음치라면 어떻게 해야 할까요? 다행히 대부분의 음치는 고칠 수 있습니다. 다만 어떤 요인으로 바른 음을 내지 못하는 것인지 정확히 알아야 합니다.

음치의 종류

여기서 퀴즈 하나를 내겠습니다. 다음의 네 가지 중 어떤 경우가 음치일까요?

1번, 모든 노래를 부를 때 음이 맞지 않는다.

2번, 전체적으로 맞지 않는 음을 부르는데 종종 맞는 음도 낸다.

3번, 처음 시작 부분은 음이 잘 맞지만, 점점 뒤로 갈수록 음이 맞지 않는다.

4번, 혼자 작게 부를 때는 음이 잘 맞는데, 크게 부르거나 다른 사람 앞에서 부를 때는 맞지 않는다.

바로 정답을 공개하면, 넷 다 음치입니다. 종류가 조금씩 다른 음치인 것이죠. 어떤 경우에는 쉽게 고칠 수도 있고, 잘 안 고쳐지는 경우도 있습니다. 만약 아이가 음치라는 생각이 든다면, 위의 네 가지 중에서 어떤 경우에 해당하는지 곰곰이 생각해보세요.

지금부터는 각각의 음치가 구체적으로 어떤 종류로 나뉘는지, 또 노력하면 고칠 수 있는지 짚어보겠습니다.

감각적 음치
모든 노래를 부를 때 음이 맞지 않는다

음이 맞는지 틀리는지 스스로 인식하지 못하는 경우가 많습니다. 음을 제대로 듣지 못하기 때문에 정확히 표현할 수 없는 것입니다. 흔히 얼굴 인식 장애와 비슷한 증상으로 비교되기도 합니다. 불완전한 청각 능력 때문에 음을 정확히 인지하지 못하기도 하고, 심하다면 인지 능력이 아예 없는 경우도 있습니다. 음치 중에서 10% 정도에 불과하지만, 자신이 어떤 음을 듣고 내는지를 모르기 때문에 이 경우는 고치기가 매우 어렵습니다.

운동적 음치

전체적으로 맞지 않는 음을 부르는데 종종 맞는 음을 내기도 한다

음을 내는 방법을 모르는 경우가 많습니다. 귀로 정확한 소리가 들어오지만, 그 소리를 입으로 내는 방법은 모르는 것입니다. 호흡이나 발성하는 방법을 모를 수도 있고, 음을 표현해본 경험이 적기 때문일 수도 있습니다. 또 목소리의 음역이 매우 낮거나 높을 때, 혹은 음역이 좁을 때에도 나타납니다.

큰딸은 어렸을 적 노래를 부를 때 음정을 잘 잡지 못했습니다. 노래를 할 때 낮은 음역은 맞는 음을 냈지만 높은 음은 정확히 표현하지 못했지요. 하지만 저는 큰딸의 타고난 목소리가 허스키하고 낮으며, 음역이 좁다는 사실을 알고 있었기에 큰 걱정은 하지 않았습니다. 일시적으로 나타나는 운동적 음치였죠. 실제로 크면서 음역이 조금씩 넓어졌고, 이제는 제법 동요를 그럴싸하게 부릅니다.

박치

처음 시작 부분은 음이 잘 맞지만, 음악이 진행될수록 음이 맞지 않는다

이 경우에는 음치라기보다는 박치라고 해야 합니다. 박치와 음치는 분명 다르지만, 박치인 경우 음치로 보일 확률이 높습니다.

음치가 아닌 박치가 노래를 시작했다고 생각해봅시다. 노래의 시작점을 잘 잡아 들어갔다면 처음 부분은 음이 잘 맞겠죠? 하지만 박치는 노래를 부를수록 곡이 느려지거나 빨라지기 때문에 반주와 다른 음을 부르게 됩니다. 예를 들면 현재 반주는 9마디인 C코드인데 노래는

10마디(G코드)를 부르고 있는 것이죠. 노래가 진행될수록 악순환에 빠져서 본의 아니게 음치가 되고 맙니다.

심리적 음치

혼자 부를 때는 음이 잘 맞는데, 목소리를 크게 하여 다른 사람 앞에서 부를 때는 음이 맞지 않는다

위의 두 번째 운동적 음치와 같이 음을 내는 방법을 모를 수도 있고, 심리적 요인이 있을 수도 있습니다. 드문 경우긴 하지만 음을 크게 낼 때만 정확한 음정을 못 내는 성대를 가졌을 수도 있습니다. 심리적 요인이라는 것은 자신감 부족, 두려움, 음악과 접해본 적이 없는 환경 등을 말합니다. 내재된 음악적 능력은 있으나, 심리적 영향으로 크게 부를 때는 음이 맞지 않는 것이지요.

다른 사람 앞에서 용기를 내어 노래를 불렀는데 어떠한 이유로 망신을 당했거나, 매우 부끄러웠던 경험을 했다면 이런 현상이 나타나기 쉽지요. 심리적 요인을 극복한다면 바로 고칠 수 있고, 크면서 노래 부르는 것에 대한 긍정적 경험이 쌓이면 좋아지는 경우가 많습니다.

음치 진단방법

우리 아이가 동요를 따라 부르거나, 혼자서 노래를 흥얼거릴 때 음치인 것 같은 느낌이 든다면, 음치인지 아닌지 다음과 같이 진단할 수 있습니다.

1. 일정 음을 부모가 선창하고 따라서 소리를 내보도록 합니다.
2. 일정 음이 아이의 음역에 맞지 않을 수 있으므로, 낮은음, 중간
   음, 높은음을 다 테스트해봅니다.
3. 사람이 내는 음색을 구별하기 어려워할 수 있으므로, 피아노로
   한 음씩 들려주고 따라서 내보도록 합니다. 마찬가지로 다양한
   음역을 테스트해야 합니다.
4. 피아노의 음색을 구별하기 어려워하는 아이도 있습니다. 기타,
   바이올린, 첼로 등 다른 악기로 테스트를 해봅니다.

여기까지 해도 음을 잘 내지 못한다면, 우선 발성 부분에서 일정음
을 내지 못하는 음치인 것은 맞습니다. 다음으로 청음 테스트를 해보
며, 입력 이상에서 오는 감각적 음치인지를 확인해보아야 합니다.

5. 피아노에 아이와 함께 앉습니다. 아주 낮은음과 아주 높은음을
   쳐보고 어떤 소리가 높은지 물어봅니다. 점점 두 음의 간격을
   좁히며 테스트해봅니다.
6. 피아노나 핸드벨로 도미솔을 순서대로 들려줍니다. 그 뒤에 도
   미솔 중 한 음을 들려주고 어떤 음인지 맞히게 합니다.
7. 잘 맞힌다면 도레미파솔 중 한 음을 들려주고 반복합니다.

음을 잘 맞힌다면 감각적 이상에서 오는 음치가 아닙니다. 음을 잘 맞히지 못한다면 감각적 음치를 의심해보아야 합니다.

통계적으로 음치 중 90%는 후천적 음치이므로 진단 후 알맞은 방법으로 고칠 수 있습니다. 아이가 감각적 음치라면 고치기가 어렵지만 그래도 너무 걱정할 필요는 없습니다. 음을 구별하지 못할 뿐이지 소리를 듣는 기능에는 전혀 이상이 없는 것이니까요.

3부.

우리 아이에게
꼭 맞는 악기 고르기

90%가 실패하는
악기 선택

♪
14

악기 선택은 실패했더라도

악기를 배우는 아이들 중에서 약 90%가 중간에 악기를 멀리하거나 포기한다니 놀랍지 않나요?

아타라 벤토빔의 책 『악기여행: 우리 아이에게 알맞은 악기 선택법』에 따르면 통계적으로 10명 중 1명 정도만 악기를 성공적으로 선택하여 지속적인 배움을 유지한다고 합니다. 반대로 나머지 9명 정도는 오래지 않아 흥미를 잃고 악기를 멀리하게 되는 것이지요. 이러한 결과는 아이들의 지적 능력이나 음악성에 문제가 있어서가 아니라, 잘못된 악기 선택에서 비롯된 것이라고 책에서는 말합니다.

집 한편을 차지한 먼지 쌓인 피아노, 장식용으로 전락한 클래식 기타, 장롱 깊숙한 곳에서 잠자고 있는 바이올린까지……. '맞아, 우리 집도 이래' 하며 공감할 부모가 많을 것입니다.

여기서 질문 한 가지. 중간에 악기를 그만둔다 하더라도 악기를 접했다는 사실만으로 교육적 의미는 있지 않을까요?

맞습니다. 중간에 악기를 포기했다고 해서 그것이 교육적 의미가 없다는 뜻은 아닙니다. 잠시 동안이지만 아이가 음악의 즐거움을 느꼈을 수도 있고, 악보를 보고 읽는 등 음악의 기본을 닦았을 수 있습니다. 따라서 중간에 악기 배우는 것을 포기했다고 좌절할 필요는 없습니다. 악기 선택은 실패해도 소중한 음악적 경험을 얻었다고 할 수 있으니까요.

아이의 성향을 먼저 파악해야 합니다

악기 교육을 시작하면서부터 부모는 '갑'에서 '을'이 됩니다. 아이가 음악을 잘 배우기를 바라는 마음에 돈과 정성을 들이며 아이를 떠받드는 아이러니한 상황이 연출되기도 합니다. 때로는 자녀에게 유인책을 던지기도 하고, 강압적인 태도로 혼을 내기도 하지요. 하지만 악기가 싫어진 아이를 부모가 이기기는 쉽지 않습니다. 결국 잘못된 악기 선택 때문에 아이와 부모는 갈등을 겪기도 하지요.

"네가 이기나 내가 이기나 해보자!"

"악기 그만두면 다음부턴 어떤 것도 안 가르쳐줄 거야!"

"악기도 배우다 말았으면서 다른 건 왜 또 한다고 하니?"

잘못된 악기 선택으로 상처 받는 건 부모만이 아닙니다. 자신에게 맞지 않는 악기 선택으로 실패를 맛본 아이는 '나는 음악에 소질이 없나봐', '나는 열심히 해도 안 돼!' 하며 좌절할 수 있습니다. 아이 마음속 깊이 실패의 쓰라린 기억을 남기기도 하고, 자존감이 떨어지기도 하지요. 그래서 악기 배우기에 실패를 하더라도 '나는 이 악기랑 어울리지 않을 뿐이야', '다른 악기를 해보거나 내가 더 잘하는 것을 찾으면 돼!'라고 생각하며 아이가 악기와 '쿨하게' 이별할 수 있도록 격려해주어야 합니다.

오케스트라를 지도할 때 바이올린을 하던 4학년 남학생이 있었습니다. 2학년 때부터 바이올린을 배웠다고 해서 초등학생 평균 3년차 정도의 연주 실력을 예상했지만, 실력은 몇 달 배운 정도밖에 되지 않았습니다. 그 아이는 바이올린 연습을 할 때면 세상 지루한 표정이었지요. 합주 중에도 하품을 하거나 바이올린 넥을 아래로 향한 채 축 처진 자세로 연주하곤 했습니다.

그러던 어느 날, 그 아이는 클라리넷 레슨을 받는 친구를 기다리다가 호기심에 친구의 클라리넷을 불어보았습니다. 클라리넷 선생님도 기특했는지 부는 방법과 자세를 간단히 알려주었지요. 그 후로도 클라리넷에 관심을 보이며 종종 선생님에게 가서 배웠습니다. 저는 이 흥미로운 사실을 아이 부모에게 알렸고 클라리넷을 정식으로 배워보도록 권유했습니다. 부모님은 그동안 바이올린에 투자한 시간과 노력 때문에 망설였지만 다행히 승낙해주었지요. 아이는 그날 이후로 클라리넷을 빠른 속도로 배워나갔고, 3개월 만에 오케스트라 합주반에서 연주할 수 있는 실력으로 성장했답니다. 지금은 초등학교를 졸업하였지만 꾸준히 클라리넷을 불고 있고요.

이 아이는 왜 클라리넷을 배울 때는 즐거워하고 적극성을 보였을까요? 제가 생각하는 가장 큰 이유는 악기와 성향이 잘 맞았기 때문입니다. 이 아이는 유머러스하고 유쾌한 성격을 가지고 있었습니다. 저에게도 가끔 다가와 "선생님, 배고파요. 맛있는 것 좀 사 주세요!"라고 붙임성 있게 얘기하기도 하고, 친구들에게 재미있는 몸개그를 보여줄 정도로 활달한 성격이었지요. 그런데 바이올린은 음정에 대한 예민한 감각과 높은 성실성을 요구하는 악기입니다. 활동성이 높은 아이들이 에너지를 발산하기에 적합한 악기는 아니지요. 오히려 조용하고 차분하며 참을성과 집중력이 좋은 아이들에게 어울리는 악기라고 할 수 있습니다.

'클라리넷도 서정적이고 부드러운 음색을 가진 악기이니 바이올린과 비슷한 성향 아닐까?'라는 생각을 할 수 있지만, 차이점은 분명합니다. 우선 클라리넷은 소리가 무척 큽니다. 바이올린 소리와는 비교할 수 없을 정도로 음량이 크죠. 소리를 낼 때는 리드의 떨림에서 시작된 진동이 피스를 타고 입술 전체로 퍼져나가는데, 외향적인 아이들은 이렇게 직접적으로 느끼는 진동과 움직임을 좋아합니다.

클라리넷은 음역이 넓어서 남자아이의 목소리보다 더 낮은 저음도 낼 수 있는데, 이는 남자아이들이 클라리넷에 매력을 느끼는 또 하나의 이유이기도 합니다.

혹시 우리 아이도 성향과 특성에 대한 고려 없이 악기 교육을 시작하지는 않았나요? 아이에게 적합하지 않은 악기를 배우게 하는 일은, 음악적 재능에 관계없이 악기 교육에 실패하는 큰 요인이 될 수 있음을 기억하세요.

아이가 배우기 쉬운 악기는 있다? 없다?

15

"선생님, 아이에게 악기를 가르치고 싶은데, 어떤 악기가 배우기 쉬울까요?"

오케스트라 담당 교사로 있다 보면 이런 질문을 받을 때가 많습니다. 처음 악기를 시작할 때, 아이에게 배우기 쉬운 악기를 찾아서 좀 더 빨리 흥미를 갖고, 배움에 대한 동기를 부여해주고 싶은 게 부모의 마음입니다.

정말 '배우기 쉬운 악기'는 있을까

결론부터 말씀드리면 '배우기 쉬운 악기'는 있습니다. 대부분 학교 현장에서 쓰이는 교육용 악기는 '배우기 쉬운 악기'로 분류할 수 있습니다. 초등학교 때 리코더를 불어보셨지요? 요즘에도 초등학교 음악 시간에 가장 많이 쓰는 악기가 리코더입니다. 리코더는 말 그대로 배우기 쉬운 악기입니다.

리코더는 왜 교육용 악기의 대표 주자이며, 배우기 쉬운 악기일까요?

먼저 리코더는 소리를 내기가 쉽습니다. 호루라기를 불 때 어렵다고 하는 사람은 없을 것입니다. 리코더에서 소리가 나는 원리는 호루라기와 같습니다. 한쪽으로 들어간 공기가 다른 쪽으로 나오며 소리를 내는 것이지요. 다른 목관악기나 금관악기처럼 리드의 떨림이나 피스의 진동으로 소리가 나는 것이 아닙니다.

두 번째로 리코더는 크기가 작습니다. 휴대가 편리하고 초등학생 2~3학년 정도의 손 크기라면 9개의 구멍을 모두 막을 수 있습니다.

세 번째로 가격이 저렴합니다. 대부분의 악기는 특수한 재질을 사용해야 소리가 잘 나지만, 리코더는 꼭 목재로 만들지 않고 플라스틱으로 만들어도 훌륭한 소리가 납니다.

네 번째로 독주는 물론 중주, 합주에도 두루 사용될 수 있습니다. 혼자서 연습할 수도, 친구들과 함께 다양하게 연주할 수도 있습니다.

리코더가 배우기 쉬운 교육용 악기라는 것은 자명합니다. 그렇다면 리코더로 오케스트라와 협연이 가능할 정도의 높은 수준까지 도달하기도 쉬울까요? 그건 아닙니다. 실제로 리코더 전공자들은 초등학교 때부터 체계적인 레슨과 연습, 음악 이론 공부를 거칩니다. 다른 관악기에 대해서도 공부를 하지요. 이를 바탕으로 바늘구멍처럼 좁은 입시의 문턱을 통과하고, 유학을 통해 견문도 넓히고, 바로크 시대 역사까지 이해해야 비로소 리코더 연주자가 될 수 있습니다. 실제 리코더 연주자의 연주를 들어보시면 '이게 내가 알고 있었던 리코더 소리인가?' 하고 깜짝 놀라실 겁니다.

 Antonio Vivaldi: Recorder Concerto RV 443

같은 조건에서 하루에 한 시간 정도 연습한다고 가정했을 때, 일반적으로 이야기하는 '배우기 쉬운 악기'와 '배우기 중간 정도 난이도 악기', '배우기 어려운 악기'의 실력 향상 그래프는 다음과 같습니다.

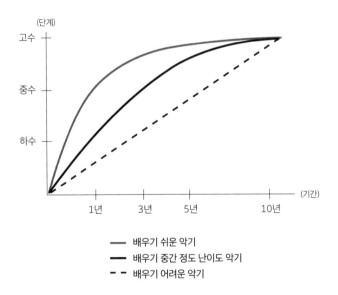

즉 자신이 좋아하는 노래를 한두 곡 정도 연주하는 수준까지 도달하는 데 '배우기 쉬운 악기(빨리 도달할 수 있는 악기)'는 있습니다. 하지만 고수인 프로 연주자 단계에 이르는 데 드는 노력과 시간은 어떤 악기를 선택하든 비슷하다고 말씀드리고 싶습니다.

소리 내기 쉬운 악기

만약 아이들이 순수하게 소리 내기 쉬운 악기를 경험하게 해주고 싶으시다면 어느 정도 답을 드릴 수 있습니다.

	소리 내기 쉬운 악기	소리 내기 어려운 악기
타악기	모든 타악기	없음
건반악기	대다수 건반악기	아코디언
현악기	우쿨렐레, 기타	바이올린, 비올라, 첼로, 더블베이스
관악기	리코더, 오카리나	목관악기, 금관악기

타악기와 건반악기는 대부분 두드리면 소리가 나기 때문에 소리 내기 쉬운 악기입니다. 단 아코디언은 바람통 사용법이 익숙해지기 전까지는 소리를 내기 어렵지요. 현악기 중에는 일단 튕기면 소리가 나는 우쿨렐레와 기타가 비교적 소리 내기가 쉽다고 할 수 있습니다. 특히 우쿨렐레는 작고 줄의 장력도 약하여 소리를 비교적 쉽게 낼 수 있습니다. 관악기는 리코더와 오카리나가 소리 내기 쉽습니다.

신체 크기에 따라 배우기 쉬운 악기가 있다

어린아이가 악기를 배우는 데 있어서 악기와 신체 크기의 관계는 매우 중요합니다. 간혹 어떤 아이는 악기를 너무 좋아해 신체 크기를 초월하여 배우기도 하지만, 신체 크기에 따라 배우기 쉬운 악기가 있고, 배우기 어려운 악기 그리고 배울 수 없는 악기도 있습니다. 여기에서는 악기와 신체 크기에 따라서 아이가 배울 수 있는 악기인지에 대해서만 언급하겠습니다.

	신체 크기에 관계없이 배울 수 있는 악기	신체 크기에 따라 배울 수 없는 악기	설명
타악기	대부분의 타악기	드럼	- 대부분의 타악기는 신체의 크기에 관계없이 배울 수 있지만, 채(스틱)를 쥐고 흔들 때 손목에 무리가 가지 않을 정도의 근력이 있어야 합니다. - 드럼은 풋 페달에 발이 닿고, 팔을 뻗어 자연스럽게 심벌과 탐을 칠 수 있는 초등학교 3학년 정도가 적기지만, 요즘은 주니어 사이즈 드럼이 출시되어 유치원생도 배울 수 있습니다.
건반악기	대다수 건반악기	없음	- 건반악기에 대한 신체 크기 제한은 없지만 간혹 가르치는 방식에 따라 손의 크기나, 손을 벌려 건반 몇 개를 짚어야 한다고 말하는 전문가도 있습니다.

현악기	바이올린, 비올라, 첼로, 콘트라베이스, 우쿨렐레	기타	- 바이올린, 비올라, 첼로, 콘트라베이스는 악기의 특성상 풀 사이즈에서 1/16사이즈까지 크기가 다양하여 신체 사이즈에 관계없이 배울 수 있습니다. - 기타는 바디의 형태에 따라서 크기에 조금씩 차이가 있습니다. 가장 많이 사용하는 드레드넛은 총 길이가 95~100cm이고, 지판 너비가 4.3~4.5cm이라서, 손 크기가 넥을 거의 감쌀 수 잡을 수 있어야 합니다. 또한 장력이 강하므로 누르는 힘이 있어야 합니다. - 일반적으로 초등학교 4학년 이상이면 수월하게 배울 수 있으며, 종류에 따라 다양한 크기의 기타가 있으니 잘 알아본 후 구입해야 합니다.
관악기	오카리나	리코더, 목관악기, 금관악기	- 주니어용 오카리나는 일반 오카리나보다 구멍의 크기가 작아서 5세에도 시작할 수 있습니다. - 리코더는 아래쪽 구멍까지 막을 수 있는 초등학교 3학년 정도면 배울 수 있습니다. - 목관악기, 금관악기는 작은 크기의 악기가 없기에(코넷같이 작은 악기가 아니라 사이즈 축소 악기를 말씀 드립니다) 악기를 들 수 있어야 하고 손가락도 키를 누를 수 있을 만큼 자라야 합니다. - 일반적으로 목관악기는 초등학교 3학년 이상(오보에는 5학년 이상), 금관악기는 초등학교 4학년 이상이면 배울 수 있습니다.

나와 친하고 익숙한 악기가 배우기 쉽다

위에서 신체의 크기에 따라 배울 수 있는 악기와 배울 수 없는 악기를 구별하였지만, 간혹 신체의 한계를 뛰어넘는 경우도 있습니다. 스틱이야구 방망이처럼 느껴질 정도로 작은 아이가 드럼을 배우기도 하며, 클라리넷의 아랫부분까지 손가락이 닿지 않아도 위쪽의 운지만 사용하여 연주하는 경우도 있습니다. 손이 작아서 기타의 넥을 감싸지 못하지만 핑거 스타일로 훌륭한 연주를 하는 아이도 있습니다. 소리 내기가 힘들다는 트럼펫을 초등학교 2학년 아이가 멋지게 연주하기도 하지요.

자신이 친하고 익숙한 악기, 내가 좋아하는 악기는 신체의 한계와 관계없이 배우기 쉬운 악기가 될 수 있습니다. 우리 아이가 자라는 과정에서 많이 접해보았거나, 앞으로도 쭉 접할 수 있는 환경에 있는 악기가 무엇인지 찾아보세요. 취미가 밴드인 부모를 둔 아이는 기타나 드럼이 아주 익숙할 것입니다. 형이나 누나가 먼저 배운 악기가 피아노라면 이 아이에겐 피아노가 친근할 것입니다. 다니고 있는 초등학교에 현악부가 있다면 바이올린, 비올라, 첼로, 콘트라베이스 등이 아이에게 친근하고 배우기 쉬운 악기가 될 수 있습니다.

프로 연주자님, 우리 아이에게 16 악기를 소개해주세요

멋진 무대에서 신들린 듯 연주하는 프로 연주자. 이들도 우리 아이처럼 더듬더듬 악보를 읽으며 연습하던 때가 있었겠지요? 오랫동안 악기와 동고동락한 그들에게도 음악을 하며 행복했던 기억, 너무 힘들어서 그만두려고 했던 경험이 있을 겁니다. 프로 연주자가 우리 아이에게 악기를 직접 소개해준다면 얼마나 좋을까요?

그래서 프로 연주자들을 만나 인터뷰했습니다. 아이들에게 악기를 소개해주세요!

피아니스트 한현희

- 앙상블 세레노, 앙상블 지클레프 멤버, 클라라 피아노 스튜디오 대표
- 러시아 이르쿠츠크 국립대학교 졸업
- 이탈리아 노르마 시립 음악원 최고 연주자 과정 만점 졸업
- 일본 본사 시게루 가와이 피아노 초청 연주, 스타인웨이 165주년 기념 초청 연주

피아노가 다른 악기에 비해서 배우는 아이들이 많은 까닭이 무엇이라고 생각하나요?

첫 번째는 접근성이 좋은 것 같아요. 주변에서 피아노 학원을 쉽게 발견할 수 있고, 레슨 선생님을 구하기도 쉽고요. 또 악기가 있는 곳도 많기 때문이지요.

두 번째는 다른 악기들에 비해서 어린아이들이 자세를 잡거나 소리를 만들어가는 과정을 조금 덜 신경 써도 되는 것 같아요. 또 피아노는 나이와 관계없이 소리를 쉽게 낼 수 있어서 친해지기도 좋지요.

세 번째는 악보 보는 힘을 길러주기 때문인 것 같아요. 다른 악기들은 단선율 악보지만, 피아노는 양손의 다른 음역대를 읽어야 하며, 각자 성부의 멜로디가 나오죠. 그래서 부모들께서 음악을 공부하기 가장 좋은 악기로 피아노를 선택하시고, 많이들 배우게 하시는 것 같아요. 또 피아노를 배우면 열 손가락을 움직이며 집중력을 기르고 머리가 똑똑해진다고 소문이 난 이유도 있겠지요.

어떻게 이 피아노를 시작하셨나요? 혹시 이 악기를 배우게 된 결정적인 이유나 관련된 에피소드가 있나요?

여섯 살 때 집에 전자 키보드가 있어서 자연스럽게 가지고 놀았던 기억이 있어요. 아버지께서 악보는 못 보셨지만 전자 키보드로 동요 같은 노래를 연주하며 함께 놀아주셨어요. 그때의 행복했던 기억 때문인지 피아노가 꼭 배우고 싶었답니다.

그럼 피아노는 언제부터 시작하셨나요?

피아노는 7세부터 시작했어요.

피아노를 아이들이 배우면 어떤 점이 좋은가요?

양손을 활용해서 연주하는 악기이므로 양쪽 두뇌를 골고루 자극해서 두뇌가 고르게 발달합니다. 연습하는 과정에서 자연스럽게 인내심과 끈기도 기릅니다. 피아노는 단시간에 할 수 있는 악기가 아니고, 꾸준한 연습을 통해 실력을 쌓아야 하기 때문이지요.

피아노로 자신의 감정을 표현하고 음악을 느끼는 과정을 통해 감성이 발달하고 스트레스를 해소할 수 있습니다.

아이들이 피아노를 배울 때 어떤 상황에서 힘든 점을 토로하나요? 혹시 피아노를 배우면서 힘들었던 적이 있었나요?

어떠한 악기도 마찬가지이듯 테크닉과 악보가 어려워지면 힘들어지죠. 특히 아이들은 1년 반 정도 배웠을 즈음, 중급 과정을 마무리할 즈음, 수준이 한 단계 높아지기 전에 지루함을 느끼는 경우가 많고 힘들어 합니다. 저 역시 어렸을 적에 계속 반복해야만 했던 테크닉 훈련이 매우 힘들었어요.

어떤 성향, 어떤 특성을 가진 학생들이 피아노라는 악기와 잘 어울린다고 생각하시나요?

'피아노를 치려면 엉덩이가 무거워야 한다'는 이야기가 있습니다. 장시간 피아노에 앉아 있을 수 있는 끈기를 말하는 건데요. 공부든 일이든 인내심을 갖고 끈기 있게 연습하는 친구들은 결국 뭐든 해내잖아요. 피아노도 마찬가지입니다. 끈기 있게 연습하고 곡을 계속적으로 공부하는 친구들이 결국에 표현력도 풍부해지고 기술적인 면도 좋아지더라고요.

더불어 말씀드리자면, 선천적으로 피아노나 음악에 재능이 있는 친구들도 있어요. 딱 소리를 듣기만 해도 표현을 비슷하게 하는 아이, 하나를 알려줘도 전에 배웠던 것과 자연스럽게 연결해서 표현하는 아이가 그렇지요. 그래도 가장 중요한 점은 음악을 사랑하는 것입니다. 음악을 사랑하지 않으면 재능도 끈기도 오래가지 않거든요. 음악을 사랑하는 친구는 더듬더듬 피아노를 치더라도 열정이 느껴집니다. 실력은 걱정하지 않습니다. 이런 친구들은 자연스럽게 쑥쑥 성장하거든요.

자신이 음악을 사랑하고 있다고 생각하나요? 그렇다면 피아노를 배울 때 가장 중요한 베이스를 가지고 있는 것이랍니다. 아직 피아노를 접해보지 못했다면 한번 시작해보기를 추천합니다.

피아노를 배우고 싶어 하는 아이들에게 짧게 한 말씀 부탁드립니다.

음악은 마음에 풍요로운 감성을 만들어줍니다. 이 세상 그 어떤 무엇
도 이 풍요로운 감성을 대신할 순 없지요. 요즘 학생들은 아름다운 선
율의 울림으로 만들어가는 이 감성을 많이 느끼지 못하며 사는 것 같
아요. 피아노는 감성뿐만 아니라 음악을 느끼고 표현하기에 정말 좋은
악기입니다. 음악을 연주하면 일상에서도 자신감이 생기지요. 피아노
와 친구가 되어 피아노가 선물해주는 '음악이 함께하는 삶'을 한번 누
려보기를 바랍니다.

바이올리니스트 양승돈

- 원광대학교 음악과 교수
- 충북도립교향악단 예술감독 겸 상임지휘자
- 국내 대학교와 오스트리아에서 바이올린을, 러시아에서 지휘를 공부함

아이들에게 바이올린을 소개해주세요.

바이올린은 현악기 중에서 가장 고음의 소리를 담당하는 악기입니다.
몸통과 지판으로 이루어지고, 지판 위에 있는 줄을 활로 그어서 소리
를 냅니다. 네 개의 줄이 있는데 상당히 넓은 음역의 소리를 낼 수 있
지요. 하모닉스, 피치카토, 살타토 등 특수한 주법들이 있어서 다양한

소리도 낼 수 있습니다. 사람 목소리와 가장 근접한 소리를 내는 악기이기도 하지요. 제가 연주를 해서 그런지는 모르지만, 악기 중 가장 매력적인 소리를 내는 악기라고 생각합니다.

언제 어떻게 바이올린을 시작했나요?
저는 초등학교 6학년 때 바이올린을 시작했습니다. 초등학교 때 피아노를 배우다가, 뭔가 다른 악기를 해보고 싶다는 생각이 들어서 바이올린을 배우게 됐습니다. 그러다가 중학교에 들어서면서부터 피아노보다 바이올린이 더 좋아졌고 본격적으로 바이올린을 전공했습니다.

왜 첫 악기로 바이올린을 선택하는 친구들이 많을까요?
일단 악기가 크지 않아서 휴대가 편합니다. 또 가장 화려한 소리를 내기 때문에 아이들이 좋아하지 않을까 생각합니다.

피아노와 바이올린 중 어떤 악기를 먼저 배워야 할지 고민하는 부모님들이 많습니다. 혹시 해답이 있을까요?
피아노를 먼저 배우는 게 바이올린을 연주하는 것과 음악을 공부하는데 도움이 됩니다. 바이올린이라는 악기는 높은음자리표의 악보만 보게 되고 주로 단선율을 연주하기 때문에, 음악적인 큰 이해 면에서 보자면 조금 편협한 가치관을 가질 수 있습니다. 그런데 피아노를 먼저 배운다면 높은음자리표, 낮은음자리표를 다 봐야 하고 화성을 익힐 수 있지요. 그다음에 바이올린 공부를 하면 음악적 이해가 더 풍부한 상태에서 시작하는 셈이어서 더 좋은 결과를 얻을 수 있습니다.

왜 바이올린이 대중적으로 인기가 있을까요? 또 이 악기를 배우면 좋은 점은 무엇인가요?

바이올린은 클래식 악기 중에서 피아노와 더불어서 인기가 많은 악기이지요. 매력적인 소리와 더불어 화려함, 다양성이 있기 때문에 그럴 것이라고 생각합니다.

바이올린을 배우면 왼손가락을 많이 써야 하므로 우뇌를 자극하여 집중력과 감성 개발에 좋습니다. 그래서 저는 개인적으로 바이올린을 열심히 하면 공부도 잘할 수 있다고 생각하지요. 공부도 바이올린도 결국 집중력의 차이라고 생각합니다. 바이올린을 하면서 집중력을 배우고, 그것을 공부에도 적용한다면 짧은 시간 동안에 좋은 효과를 볼 수 있습니다.

바이올린을 본격적으로 시작하고 나서 어떤 점이 가장 힘드셨나요?

힘든 점이 많았지요. 남들이 신나게 놀고 공부할 때 연습하고, 남들이 잘 때 공부를 시작해야 합니다. 연습은 결국 혼자만의 싸움이고 상당히 외로운 일입니다. 특히 어린 시절과 청소년기에는 친구들이 인생에서 굉장히 큰 역할을 합니다. 그런데 친구들과 보낼 수 있는 시간이 상대적으로 줄기 때문에 바이올린을 본격적으로 시작하면 더욱 외로울수밖에 없지요.

어떤 성향과 특성을 가진 학생들이 바이올린과 잘 맞을까요?

감성적으로 풍부한 친구들이 바이올린을 하면 좋다고 생각합니다만, 악기를 배우다가 그 악기가 좋아져서 성향이나 특성이 개발되는 경우도 있습니다. 따라서 저는 타고난 성향이나 특성보다는 내가 이 악기를 얼마나 좋아하고 원하는지가 중요하다고 생각합니다.

다양한 악기를 배우고 있는 아이들에게 응원의 한 말씀 부탁드립니다.

종류를 막론하고 악기를 배운다는 일은 힘들고 어렵습니다. 하지만 내가 악기에 투자한 시간만큼 결과를 얻을 수 있다는 건 분명합니다. 어렸을 때 투자하는 시간이나 정열이 아깝다고 생각하지 말고, 저축을 한다 생각하면 나중에 분명히 보답이 있을 거라고 확실히 말씀드리고 싶습니다. 그래서 악기를 배우고 싶다면 서슴지 말고 바로 시작해서 열심히 하길 바랍니다.

첼리스트 주연선

- 현 중앙대학교 교수
- 전 서울시립교향악단 첼로 수석
- 미국 라이스대학교 석사

첼로를 아이들에게 소개해주세요.

첼로는 바이올린과 마찬가지로 네 줄로 이루어져 있고 활로 그어서 소리를 내는 현악기입니다. 하지만 바이올린은 '솔 레 라 미' 네 줄로 이루어져 있지만 첼로는 '도 솔 레 라' 네 줄로 이루어져 있죠. 현악기 중에서 가장 큰 악기인 더블베이스가 가장 낮은 소리를 내고, 그다음 으로 첼로가 낮은 소리를 냅니다. 더블베이스와 첼로는 오케스트라에 서 저음 파트를 담당하는 악기예요. 첼로는 악기가 상당히 커서 들고 연주할 수가 없습니다. 악기를 세우고 앉아서 연주하며 '엔드핀'이라 는 것으로 높낮이를 조절합니다.

언제 어떻게 첼로를 시작했나요? 이 악기를 배우게 된 이유나 사건이 있나요?

저는 음악을 전공하신 어머니의 영향으로 어렸을 때부터 여러 악기를 배웠어요. 바이올린, 플루트, 피아노를 배웠는데, 고음의 악기인 바이 올린과 플루트는 저랑 잘 맞지 않았던 것 같아요. 왠지 좋아지질 않더 라고요. 피아노에 대한 애정은 있었지만 대회를 나가도 성과가 별로 없었어요. 제가 생각해도 별로 잘한다는 생각은 들지 않았던 것 같아 요. 그러던 중 첼로를 만나게 되었는데, 첼로를 열심히 배운 후부터 음 악 경연 대회에 나가면 빠지지 않고 우승했어요. 이 악기가 나랑 잘 맞 는다 싶었죠. 그 후로 첼로를 전공했습니다.

첼로를 배울 때 어떤 점이 가장 힘든가요? 실제로 힘들었던 적이 있으 면 말씀해주세요.

모든 악기가 배울 때 많은 인내심을 요구한다고 생각해요. 악기를 배울 때는 매일매일 꾸준히 연습해야 하는데, 그런 습관을 들이려면 강한 인내심이 필요해요. 그래서 어렸을 때 악기를 배우는 친구들은 정말 대단하다고 생각해요. 또 첼로는 줄이 조금 두껍고 단단한 편이어서 연습을 많이 하면 손가락이 아프고 손끝이 갈라지거나 약간 찢어질 때도 있어요. 이러한 과정을 넘길 때가 힘들었던 것 같아요.

어떤 성향과 특성을 가진 학생이 첼로와 잘 맞나요?

한 가지에 흥미를 갖고 깊게 파고드는 성향의 아이, 오랫동안 진득하게 앉아서 집중하는 아이, 음악을 좋아하는 아이, 저음을 좋아하는 아이라면 첼로를 추천하고 싶습니다.

어떻게 교수님이 되셨나요? 특별한 사건이나 계기가 있으신가요?

대학 교수가 되기 전에는 서울시향을 비롯해 교향악단의 수석으로 오래 활동했어요. 연주를 하며 관객과 소통하고 마음을 나눌 때의 성취감은 저에게 이루 말할 수 없는 큰 기쁨이었어요. 하지만 언젠가 나의 연주 노하우를 학생들에게 가르치는 일, 첼로 연주 후배를 양성하는 일도 무척이나 의미 있는 일이라고 생각하게 되었어요. 그래서 대학교에 오게 되었답니다.

첼로를 배우고 싶어 하는 아이들에게 한 말씀 부탁드립니다.

첼로 소리를 잘 듣다 보면 따뜻함이 느껴질 거예요. 바로 이 소리가 첼로의 매력입니다. 첼로를 배울 때는 서두르면 안 돼요. 꾸준함만이 첼로와 친해질 수 있는 비법입니다. 겸손한 마음, 감사한 마음을 갖고 첼로를 켜면 관객이 연주를 듣고 행복해할 거예요. 바로 이 행복을 나누는 것이 연주자의 큰 즐거움이랍니다.

플루티스트 김수연

- 목원대학교 음악학부, 동대학원 졸업
- 대전시립교향악단 객원
- 앙상블 소노르 리더 및 플루티스트

플루트를 아이들에게 소개해주세요.

목관악기 중 가장 고음역을 담당하는 악기입니다. 대부분의 사람이 플루트는 예쁘고 아름다운 소리를 낸다고 생각하기 쉽지만 때로는 강하고 때로는 슬픈 소리도 내는 매력적인 악기입니다.

언제, 어떻게 플루트를 시작했나요? 혹시 이 악기를 배우게 된 이유나 사건이 있나요?

초등학교 5학년 겨울부터 배우기 시작했습니다. 함께 자란 사촌언니들 모두가 악기를 배우는 특별한 집안 환경이었어요. 처음에는 바이올린을 권유받았는데 저는 개인적으로 날카로운 음색의 바이올린 소리가 싫었어요. 그래서 바이올린 배우기를 거부했지요. 그러다 사촌언니와 우연히 함께 플루티스트 제임스 골웨이James Galway 리사이틀을 가게 되었고, 그곳에서 플루트의 매력을 느껴 배우기로 마음먹었습니다.

관악기 중에서는 플루트가 대중적으로 인기가 많은데 그 까닭이 무엇이라 생각하나요?

조금 웃긴 이야기일 수 있는데, 플루트가 악기 중에서 가장 예쁘기 때문이에요. 하지만 관악기, 특히 목관악기 중에서 보급형 악기나 교육용 악기가 있는 것은 플루트와 클라리넷뿐이에요. 그래서 접근성이 좋은 것도 하나의 이유인 것 같아요.

악기의 인기도에 비해서 오케스트라에서는 플루트 연주자 비율이 굉장히 적은데 그 까닭이 무엇인가요?

바이올린을 떠올려보면 한 파트에 약 10명 정도입니다. 그런데 플루트나 오보에, 클라리넷, 바순 같은 목관악기 파트는 기본 2~4명 정도의 적은 단원을 두고 있어요. 현악기에 비해 소리가 크기 때문이에요.

또 악기 특성상 현악기는 연주 인원이 많아질수록 음정, 보잉 같은 단점이 커버되고 소리를 더 풍부하게 만드는 특징이 있어요. 하지만 관악기는 모이면 모일수록 음정뿐 아니라 각자의 음색 차이 때문에 불협화음으로 들리기도 하죠. 게다가 나무, 금속의 재질이 섞인 목관악기는 같은 금속 재질인 금관악기와는 소리가 어우러지기 어려워요. 그래서 현악기, 금관악기에 비해 목관악기는 인원이 적을 수밖에 없죠.

플루트를 배울 때 어떤 점이 가장 힘든가요? 실제로 힘들었던 적이 있으면 말씀해주세요.

모든 악기가 비슷할 거라 생각해요. 매일매일 연습해야 하는 것이 가장 힘들죠. 프로 연주자들은 '연습을 하루 쉬면 내가 알고, 이틀 쉬면 선생님이 알고, 사흘 쉬면 관객이 안다'라는 말을 항상 마음에 담고 삽니다. 중고등학교 다닐 때 연주회나 콩쿠르가 겹치면 수학여행이나 체험학습도 빠져야 했어요. 모든 음악가의 공통점이지 않을까 싶어요.

플루트는 전체적으로 금속으로 되어 있기 때문에 특히 힘든 점이 있어요. 주변의 온도나 연주자의 체온에 따라 음정이 급격히 달라질 때가 있죠. 겨울에 악기가 차갑다는 것도 힘든 점인 것 같아요. 특히 저는 어렸을 때부터 손이 많이 찬 편이라 지금까지도 핫팩을 들고 연주홀로 들어가곤 한답니다.

어떤 성향과 특성을 가진 학생들이 플루트와 잘 맞나요?

플루트가 가진 음색이 밝고 화려하기 때문에 밝은 성격의 친구들이 처음에 호감을 갖는 경우가 많아요. 하지만 내성적인 친구들도 플루트를 연주하며 외향적으로 바뀌는 경우도 봤어요. 플루트와 특별히 잘 맞는 성향이나 특성은 없는 것 같습니다.

플루트를 배우고 싶어 하는 아이들에게 한 말씀 부탁드립니다.

악기를 배운다는 것은 평생 동안 함께 할 진짜 좋은 친구를 사귀는 거라 생각해요. 플루트를 비롯한 클래식 악기의 특징은 단기간에 실력이 쑥쑥 늘지 않는다는 거죠. 마음을 여유롭게 갖고 꾸준히 천천히 연습하는 방법밖에 없어요. 플루트와 함께한 시간들이 언제나 행복한 것은 아니었지만, 뒤돌아보니 이 악기 덕분에 기쁜 일이 참 많았고 어려운 일도 함께 이겨낼 수 있었던 것 같아요. 참, 혼자 있을 때에도 혼자라는 생각이 안 들었어요. 플루트라는 악기를 새로운 친구를 사귄다는 마음으로 한번 접근해보세요!

클라리네티스트 김재연

- 한국클라리넷협회 콩쿨 앙상블부문 1위
- 독일 마인츠 국립음대에서 석사 최고점 졸업
- 귀국 독주회 및 기타 연주 활동

클라리넷을 소개해주세요.

클라리넷은 검은색으로 된 피리라고 하면 이해가 잘 될까요? 아주 낮은 음부터 아주 높은 음까지 자유롭게 낼 수 있고요. 아주 작은 소리에서 아주 큰 소리까지 낼 수 있는 악기입니다. 따뜻하고 부드러운 소리, 화가 나 있고, 심각한 소리, 우스꽝스럽고 장난기 많은 소리 등 다양하게 변신할 수 있는 악기입니다.

어떻게 클라리넷을 시작했나요? 배우게 된 이유나 사건이 있나요?

제가 중학교 3학년을 마치고 고등학교에 올라가기 전이었어요. 하루는 친구와 게임방에 가서 게임을 신나게 하고 있었는데 친구가 갑자기 관악부에 같이 들어가자는 거예요. 사실 당시엔 관악부가 뭔지도 몰랐지요. 그저 친구가 악기 하는 곳이라고, 같이 하자는 말에 들어가게 되었죠. 그 친구는 이전부터 어머님의 권유로 클라리넷을 배우고 있었고 관악부도 하고 있던 친구였지만 저에게 악기란 초등학교 1학년 때 피아노 학원을 1년 다녔던 것이 전부였습니다.

악기를 조금 늦게 시작한 것 같은데 혹시 후회가 되지는 않나요?

한두 번 정도는 후회한 적도 있었어요. 악기를 배우기 시작한 초반에 잘하는 친구들을 볼 때였지요. 관악기는 현악기와 다르게 조금 늦게 시작해도 얼마나 열심히 노력하느냐에 따라 훌륭한 연주자가 될 수 있습니다. 악기를 시작하기 전에도 음악을 사랑하는 마음을 갖고 있었고, 음악을 듣는 것도 좋아했어요. 노래 부르는 것도 즐겼지요. 이것이 악기를 배우기 시작하면서 큰 도움이 되었던 것 같아요.

클라리넷을 배우면 어떤 점이 가장 좋은가요?

클라리넷은 관악기로서 현악기와 피아노에 비해서 기본적인 연주를 해내는 데까지 더 짧은 시간이 필요합니다. 그러기에 실력이 향상되면서 갖게 되는 자신감과 해낼 수 있다는 기대감을 느낄 수 있지요. 개인적으로는 관악 합주를 하며 다른 악기들과의 어울림을 느끼는 게 굉장히 즐거웠습니다. 또 부끄러움이 많았던 성격이었는데 악기를 배우며 자신감을 갖게 되었어요. 예전에는 성격 탓에 혼자서 무대에 선다는 건 상상도 못했지요. 클라리넷을 배우면서 악기 하는 친구들과 즐겁게 어울리고 자신감도 높아졌습니다.

클라리넷을 배울 때 어떤 점이 가장 힘든가요? 실제로 힘들었던 적이 있으면 말씀해주세요.

클라리넷을 배우며 가장 힘들었던 것은 리드 관리입니다. 모든 리드 악기의 공통점이기도 한데요. 리드는 클라리넷에 사용되는 가장 기본적인 소모품인데, 온도와 습도에 예민하고 수명이 길지 않지요. 따라서 리드를 잘 관리하지 않으면 처음 배우는 친구들은 날마다 느낌이 달라 고생이 이만저만이 아닐 겁니다. 가격도 부담이고요.

그리고 한 가지 더, 좋은 선생님을 만나는 일이 참 어려운 것 같습니다. 단지 스펙이 좋은 선생님을 이야기하는 것이 아니라 자신과 성향이 맞는 선생님을 말하는 것입니다.

어떤 성향과 특성을 가진 아이들이 클라리넷과 잘 맞나요?

클라리넷은 앞에서 말씀드렸다시피 다양하게 변신할 수 있는 악기이기 때문에 어떤 특별한 성향이나 특성을 가진 아이들이 잘 맞는다고는 할 수 없습니다. 저는 개인적으로 어렸을 때 조금 소심하고 자주 아픈 편이었는데, 큰 호흡과 소리를 계속해서 내다 보니 자신감을 갖게 되었고, 건강도 더 좋아진 것 같아서 클라리넷이 운명이라 생각했습니다.

클라리넷을 배우고 싶은 아이들에게 한 말씀 부탁드립니다.

클라리넷을 배운다면 악기와 함께 즐거운 추억을 많이 쌓을 수 있습니다. 혼자 있을 때도 연주하고 친구들과 합주도 하면서 말이죠. 입으로 불어야 하는 관악기라서 처음 배울 때 낯설 수도 있지만, 조금 배우다 보면 날로 좋아지는 자신의 소리에 매력을 느낄 것입니다. 클라리넷을 꼭 만나보길 바랍니다.

드러머 김회곤

- 드러머, 드럼 교육자
- 유튜브 고니드럼 운영
- 고니드럼 아카데미 대표
- 『나도 드럼 잘 치면 소원이 없겠네』 『리듬 트레이닝 시스템』 『필인 북』 등 저자

드럼을 소개해주세요.

드럼이란 악기는 현대 음악의 심장이자 뼈대가 되는 악기입니다. 듣는 사람의 심장을 움직이는 악기죠. 요즘 흔히 말하는 드럼은 크게 북 drum과 심벌로 조합된 세트라고 생각하면 됩니다. 여러 가지 악기를 동시에 한 사람이 연주하기 때문에 어렵지만 그만큼 재미있죠.

어떻게 드럼을 시작했나요? 배우게 된 이유나 사건이 있나요?

중학교 3학년 겨울방학 전이었을 겁니다. 교회에서 친구가 연주하던

드럼 자리가 비게 되었고, 친한 형이 드럼 연주를 권해서 시작했습니다. 교회 선생님께 일주일에 한두 차례씩 배운 것이 계기가 되었지요.

그전에는 초등학교 때 잠깐 피아노를 배운 게 악기를 접한 전부였습니다.

드럼을 배우면 어떤 점이 가장 좋은가요?

연습을 하고 나면 정신이 굉장히 맑아집니다. 온몸을 쓰다 보니 땀이 흐를 때가 많아서 몸도 건강해져요. 스트레스가 확 풀리고 재미도 있습니다. 특히 소리가 큰 악기인 데다 무대 중앙에 세팅하는 경우가 많아서 한눈에 주목을 받습니다. 남들의 관심 속에서 연주하는 일은 돈으로 살 수 없는 즐거움인 것 같아요. 마지막으로 음악의 한 부분으로써 이 부분을 어떻게 표현할까 고민하다 보면 스스로 생각하는 습관이 생기게 됩니다.

드럼을 배울 때 어떤 점이 가장 힘든가요?

드럼은 덩치가 크고 소리도 크기 때문에 연습에 제약이 많고 비용도 많이 들어가는 편입니다. 가장 큰 문제는 연습 공간을 확보하는 것입니다. 방음이 안 된 공간에서 밤늦게 연습하다가 시끄럽다는 이야기를 듣는 경우가 굉장히 많지요.

어떤 성향과 특성을 가진 아이들이 드럼과 잘 맞나요?

사실 드럼만큼 굉장히 다양한 성향의 연주자들이 있는 악기는 없는 것 같아요. 그래서 특정 짓기는 어렵지만 드러머들은 다들 개성과 멋이 있습니다. 어느 성향이든지 드럼을 멋있다고 생각하는 친구라면 누구에게나 어울린다고 생각합니다.

드럼을 배우고 싶은 아이들에게 한 말씀 부탁드립니다.

드럼은 정말 신나고 재미있는 악기입니다. 악기를 연습하며 운동도 되지요. 드럼을 열심히 배워서 무대에서 매력을 발산하는 친구가 되길 바랍니다. 드럼이 아니더라도 모든 악기는 하늘이 내린 축복이라고 생각합니다. 악기와 함께하는 순간만큼은 즐겁고 행복하면 좋겠습니다.

기타리스트 & 베이시스트 김우영

- 서울재즈아카데미 베이스과 졸업
- 광주국제음악페스티벌 대상
- 2008~2010 M.net, 스타킹, 쇼바이벌 등 TV 출연 다수

기타를 언제부터 배우는 게 적당할까요?

초등학교 고학년 정도에 배우는 게 가장 적절합니다. 이 시기는 악기를 배우는 데 흡수력이 가장 좋을 때이고 손도 적당히 자랐기 때문에 악기 크기에 대한 거부감이 적을 때입니다. 지도해본 바로는 악기를 배우는 과정에서 개량도 잘 이루어지는 시기라고 생각합니다.

특별히 기타를 배우게 된 사건이 있나요?

특별한 계기는 없습니다. 유년 시절 때부터 기타가 집에 있어서 친근한 마음이 있었던 것 같습니다. 교회에서 또래 중 찬양 인도자가 되면서 본격적으로 배우기 시작했습니다. 무언가 하나의 사건을 말하고 싶은데 흥미로운 얘깃거리는 없네요!

몇 살 때 악기를 배우기 시작했나요? 기타 말고 다른 악기를 배운 적도 있나요?

저는 약간 특이한 이력이 있습니다. 대부분 베이시스트는 기타를 먼저 배우고 베이스를 배우기 마련인데, 저는 반대로 베이스는 초등학교 때 배웠고, 후에 기타를 배워 기타리스트를 병행하고 있습니다. 두 악기의 연주 성향이 비슷하기 때문에 가능한 일이었다고 생각합니다. 두 악기는 줄의 개수에만 차이가 있지 실제로 소리를 내는 방법 등이 굉장히 비슷한 악기입니다. 기타 말고 피아노와 바이올린을 잠깐씩 배운 경험이 있습니다.

기타를 배우면 아이들에게 어떤 점이 가장 좋은가요?

기타를 배우면 음악을 다양하게 표현하는 능력이 향상됩니다. 기타는 음향기기와 어우러져 다양한 음색과 톤을 내며 연주할 수 있고, 큰 무대에서 여러 사람에게 느낌을 표현해야 하는 악기이기 때문입니다.

독학으로 기타를 배우는 사람도 있는데 연주자로서 어떻게 생각하시

나요?

독학으로 배우는 게 무조건 나쁘다고 말하기 어려운 시대입니다. 유튜브와 악기 강의 사이트에 질 좋은 강의가 많습니다. 예전에 기타를 배웠던 분들의 독학 개념과, 현 시대의 독학 개념은 다릅니다. 자신이 독학으로 배우면서 음악적으로 더 목마름을 느끼지 못한다면 독학도 나쁘지 않습니다. 다만 사람에게 직접 배운다면 음악에 대한 신념, 디테일한 표현 방법을 함께 배울 수 있으며, 무엇보다 시간을 단축해서 배울 수 있는 장점이 있습니다.

어떤 성향과 특성을 가진 아이들이 기타라는 악기와 잘 어울리나요?

기타라는 악기가 클래식 기타, 통기타, 일렉기타, 베이스기타 등 다양하고, 추구하는 음악의 장르도 너무 넓어서 어떤 성향, 특성을 가진 아이들이 기타와 잘 어울리는지 말하기 어렵습니다.

기타를 배우고 싶어 하는 아이들에게 한 말씀 해주세요.

기타는 쉬운 악기가 아닌 것은 분명합니다. 하지만 대중적으로도 널리 사랑받고 오래된 역사를 자랑하는 악기입니다. 언제, 어디에서든 연주할 수 있다는 장점이 확실하기 때문인 것 같습니다. 또한 독주를 하거나 노래를 부르기 위한 반주 수단으로도 사용할 수 있습니다. 다양하게 활용할 수 있는 기타를 배워보세요.

국악 타악 연주자 김영환

- 목원대학교 국악과 졸업
- 국가무형문화재 제5호 판소리고법 전수자
- 대전무형문화재 제1호 대전웃다리농악 전수자

연주하시는 국악 타악기를 소개해주세요.

저는 국악 타악 연주자입니다. 주로 우리나라 전통 타악기를 연주하는데, 타악기란 채로 쳐서 소리를 내는 악기들을 말하지요. 여기에는 꽹과리, 장구, 북, 징 등이 있습니다. 이 악기들을 국악 수업 시간에 보거나 연주해본 학생들이 많을 것입니다.

옛부터 우리 조상들은 이 네 가지 악기의 소리를 자연의 소리에 비유하였습니다. 꽹과리는 우르르 쾅쾅 천둥 번개 소리로, 장구는 후두둑 내리는 빗소리로, 북은 두둥실 떠오르는 구름으로, 징은 이 모든 것을 감싸는 바람 소리로 표현했습니다. 각각 다른 소리를 내는 이 사물악기가 서로 소리를 주고받으면서 어우러지면 흥이 나고 신나서 어깨가 절로 들썩들썩하지요.

어떻게 국악 타악기를 시작했나요?

처음 국악을 접했던 것은 초등학생 때였어요. 작은 시골 초등학교를 다녔는데 4학년 때 농악부 선배들이 상모를 돌리고 악기 연주하는 것을 보니 신나 보였어요. 그래서 들어간 농악부에서 대전무형문화재 제

1호 대전 웃다리 농악을 배우기 시작했습니다.

너무 재미있어서 방과후에 시간 가는 줄 모르고 친구와 악기 연습을 했답니다. 또 열심히 갈고 닦은 실력을 무대에서 발휘하고 박수를 받으면 마음이 뜨거워지고 성취감도 느꼈습니다.

초등학생 때의 즐거웠던 경험을 바탕으로 본격적으로 국악 타악을 전공하기로 결심했던 것은 고등학교 2학년 때였습니다. 이때부터 소고뿐만 아니라 꽹과리, 장구, 북, 징(이하 사물악기)을 모두 다룰 수 있도록 매일 반복연습을 했습니다.

국악 타악기를 배우면 어떤 점이 가장 좋은가요?

음악적 리듬감과 박자감을 기르며 다양한 장단과 장르를 연주할 수 있습니다. 나이와 관계없이 누구나 쉽게 익힐 수 있는 전통 악기이므로 긍정적 자존감과 우리 고유의 멋을 향유할 수 있게 됩니다. 또 반복 연습과 연주 경험을 통해 집중력과 끈기를 배울 수 있으며, 두드리는 동작으로 스트레스 해소와 함께 정서적 안정을 느낄 수 있습니다. 사물악기가 서로 화합을 이루어 음악을 만들므로 다른 악기 연주자에 대한 배려심과 협동심 및 단결심을 기를 수 있습니다.

국악 타악기를 배울 때 어떤 점이 가장 힘든가요? 실제로 힘들었던 적이 있으면 말씀해주세요.

어떠한 악기도 어느 날 갑자기 잘 칠 수는 없습니다. 연주 실력은 그동안 연습하는데 들인 시간과 노력에 달려 있지요. 이처럼 악기를 연주한다는 것은 끊임없는 자기 단련의 길을 걷는 것입니다.

타악기는 음색이 없어도 연주자가 치는 부분과 방법에 따라 소리가 많이 달라집니다. 더욱 자연스럽고 아름다운 소리를 내기 위해 매일 똑같은 반복 연습을 하는 일이 쉽지 않았습니다. 특히 무대 공연을 앞두고서는 실수하지 않기 위해 계속 같은 곡을 연습합니다. 몸도 고되고 지루하지요. 원하는 만큼의 실력이 나오지 않아서 속상하기도 했습니다. 그리고 다른 선율악기와는 달리 서로 타법이 다른 사물악기를 동시에 다루어야 한다는 점이 어려웠습니다.

어떤 성향과 특성을 가진 아이들이 국악 타악기와 잘 맞나요?

우리나라 전통을 소중히 여기고 아끼며 흥과 열정이 있는 학생은 사물악기를 더욱 재미있게 연주할 수 있으리라 생각합니다. 또 사물악기의 매력은 서로 배려하며 어울리는 것입니다. 다른 친구들과 함께 호흡하며 음악을 즐기고 싶은 학생이라면 누구나 주저 말고 용기 내어 배워보길 추천합니다.

국악 타악기를 배우고 싶은 아이들에게 한 말씀 부탁드립니다.

우리나라 음악을 사랑하는 여러분은 시간이 가면 갈수록 점점 더 그 매력에 빠져들 것입니다. 사물악기는 여러분이 기쁘고 즐거울 때나, 힘들고 슬플 때나 마음을 다독여주는 평생 친구가 될 거예요. 때로는 자신의 생각처럼 잘 연주되지 않는다고 속상하기도 하겠지만, 잘 안되던 가락이 어느 순간 갑자기 잘 연주될 때 정말 즐겁고 재미있을 것입니다. 국악 타악기를 배우며 우리 음악을 깊이 즐기고 사랑하는 여러분이 되길 바랍니다.

가야금 연주자 이자연

- 대전예술고등학교 음악과, 목원대학교 음악대학 한국음악과 졸업
- 공주대학교, 고려대학교 세종 평생교육원, 대전예고 강사
- 한국문화예술교육진흥원 학교문화예술교육 국악강사

가야금을 소개해주세요.

가야금은 '가야 나라의 현악기'라는 뜻의 이름을 가진 우리나라의 대표적인 현악기입니다. 가야국에서 우륵이 만들고 연주되던 악기가 신라로 넘어와 유지되었다고 합니다. 이렇게 가야금은 천년의 세월을 넘어 민족의 고락을 함께해온 한국의 자랑스러운 국악기입니다.

가야금은 역사적으로 가장 사랑받아온 악기인 만큼 종류가 다양합니다. 옛 원형의 모습을 간직한 풍류(정악)가야금은 귀족 악기로서 궁중음악을 연주할 때 사용됩니다. 민족의 애완과 정서를 가장 잘 표현하는 민속 악기인 12줄 산조가야금은 연주자의 기량과 감성을 섬세하게 표현할 수 있는 악기입니다. 근래에는 18줄, 25줄로 가야금이 개량되어 음악적 한계와 제한을 뛰어넘고 다양한 시도와 표현이 가능하게 되었습니다.

어떻게 가야금을 시작했나요? 혹시 가야금을 배우게 된 이유나 사건이 있나요?

초등학교 저학년 때, 가야금은 매우 귀한 악기였습니다. 저 역시 이름으로만 알고 있었는데, 어느 날 부모님께서 무슨 생각을 하신 건지는 모르겠지만 새 가야금을 사 오셨지요. 그래서 배우기 시작했습니다.

가야금을 배우기 전에 다른 악기를 배웠던 적이 있다면 함께 말씀해주세요.

피아노를 먼저 배웠는데 그때는 저에게 음악적 소질이 있다는 생각을 전혀 못했지요. 학교가 끝나고 피아노 학원을 다닐 때에는 점차 어렵고 지루했던 기억만 납니다. 그런데 가야금은 달랐습니다. 선생님께서 철저히 제가 배우는 속도에 맞춰주셔서 그런지, 일주일에 두 번 받는 레슨 시간이 매일 기다려졌습니다. 손가락이 아팠지만 칭찬받고 싶어서 더 잘하고 싶어서 열심히 했던 적도 있어요. 그 후 예술고등학교에 진학하여 연주력이 출중하고 교수법이 탁월하신 스승님을 만나면서 더 정진할 수 있었습니다.

가야금을 배우면 어떤 점이 가장 좋은가요?

우리나라의 악기를 연주한다는 자부심이 느껴져서 좋습니다. 무엇보다 가야금을 연주하는 여인의 아름다움을 제가 가질 수 있다는 것이 좋았지요. 가야금을 하면서 가장 좋은 점은 스스로 자신감과 자부심이 높아졌다는 거예요. 또 오른손으로 줄을 뜯거나 튕기며 왼손으로 줄을 흔들어 다양한 음색을 표현하기 때문에 양손의 협응력이 좋아집니다. 손끝의 다양한 자극으로 두뇌 발달에도 도움이 되지요. 가야금을 연주하면 심미적 경험과 정서적 안정의 효과도 얻을 수 있습니다.

가야금을 배울 때 어떤 점이 가장 힘든가요? 실제로 힘들었던 적이 있으면 말씀해주세요.

가야금은 한국을 대표하는 현악기인 만큼 악기를 연주하는 연주자 인구가 가장 많습니다. 서양 악기로 비유하면 피아노와 같을까요? 이렇게 많은 연주자와 학생들 속에서 치열하게 경쟁하기에 부담감이 컸습니다. 내 속에 승부욕이 잠재되어 있다는 사실을 가야금을 하면서 깨달았을 만큼 욕심껏 열심히 노력했지요.

또한 각 단계에서 그 위로 올라서야 할 때가 참 어렵고 힘들었습니다. 좋은 연주를 하려면 끊임없이 연습하고 연구하고 노력해야 하니까요.

어떤 성향과 특성을 가진 학생이 가야금과 잘 맞나요?

어떤 음악이든 악기든 음악을 좋아하고 즐길 줄 아는 학생이라면 충분하다고 생각합니다. 가야금은 조율을 해놓고 연주하는 악기이기 때문에 조금은 쉽게 접근할 수 있죠. 전공자 혹은 연주자가 되려면 위에서 이야기했듯 어려운 표현을 극복하기 위해 끊임없이 노력하고 연구하고 연습하는 진정한 노력파가 될 수 있어야 합니다.

가야금을 배우고 싶은 아이들에게 한 말씀 부탁드립니다.

가야금은 비교적 쉽게 연주할 수 있는 악기입니다. 우리 민족의 정서를 가장 깊이 있게 표현하고 섬세한 울림을 가진 이 악기가 여러분에게도 매력적이었으면 좋겠습니다.

어떤 음악이나 악기를 할 때, 악보를 볼 수 있는 독보력이 있으면 비교적 쉽게 배울 수 있습니다. 이런 부분에서 서양 악기지만 피아노를 먼저 혹은 함께 공부한다면 분명 많은 도움이 될 것입니다.

국악은 악, 가, 무 일체의 예술입니다. 악기를 배울 때 음악적 뿌리가 되는 장단(타악기), 줄기가 되는 소리(민요, 판소리, 정가), 온몸으로 느끼고 표현할 수 있는 한국 춤을 함께 배우면 국악적 소양이 쌓여 도움이 됩니다.

해금 연주자 이예진

- 목원대학교 국악과 졸업
- 한밭국악관현악단 단원
- 국악단 '아름' 대표

해금을 소개해주세요.

해금은 줄이 두 개밖에 없고 두 줄 사이에 활을 넣어 마찰시켜 소리를 내는 찰현 악기입니다. 바이올린이나 기타처럼 지판이 없어서 왼손으로 줄을 짚고 당기며 손가락 감각으로만 음을 맞춰야 하는 악기입니다.

어떻게 해금을 시작했나요? 혹시 해금을 배우게 된 이유나 사건이 있나요?

저는 어렸을 때부터 음악을 좋아해 피아노, 바이올린, 플루트, 장구, 가야금 등 많은 악기들을 배웠습니다. 고등학교에 들어가 타악을 전공하려고 장구를 배우고 있었지요. 그러다 선율을 연주하는 친구들을 보면서 나도 하고 싶다는 생각에 무작정 해금을 배우기 시작했어요. 점차 해금이 들려주는 아름다운 소리에 빠졌고 부모님을 설득해 전공을 바꾸었지요. 그때가 고등학교 1학년이었습니다.

해금을 배우면 어떤 점이 가장 좋은가요?

해금을 배우면 정확한 음정을 알 수 있습니다. 그리고 다양한 곡을 연주하며 곡 분위기에 따라 감정 표현을 자유롭게 할 수 있죠. 사람마다 곡의 분위기를 다르게 느끼기 때문에, 자기만의 느낌으로 해석하여 연주하면 사람들에게 자신의 감정을 솔직히 전달할 수 있습니다.

해금을 배울 때 어떤 점이 가장 힘든가요? 실제로 힘들었던 적이 있으면 말씀해주세요.

해금은 줄이 두 개밖에 없기 때문에 오로지 연주자의 손가락 감각으로만 음정을 찾아야 합니다. 그래서 정확한 음정을 잡는 게 제일 힘들어요. 저도 처음 시작할 때 손에 힘이 부족해서 악력기를 달고 살았던 기억이 있네요.

어떤 성향과 특성을 가진 학생들이 해금과 잘 맞나요?

해금은 연주자마다 성향과 특성이 다 달라서 딱 정해져 있는 건 없어요. 그래서 10명의 연주자가 같은 곡을 연주해도 모두 느낌이 다른 것입니다. 국악이나 선율악기를 좋아하는 친구들이 배우면 좋을 것 같습니다.

해금을 배우고 싶은 아이들에게 한 말씀 부탁드립니다.

해금이라는 악기는 사람들의 마음을 울리는 매력 있는 악기예요. 신나는 음악은 더 신나게, 슬픈 음악은 더 구슬프게 연주할 수 있는 매력이 있는 국악기랍니다.

우리 아이의 악기 선택,
그것이 알고 싶다!

♪
17

'백아절현'은 백아가 거문고의 줄을 끊었다는 뜻입니다. 절친한 벗의 죽음을 악기에 빗댄 말이지요.

'금슬지락'은 거문고와 비파의 조화로운 소리라는 뜻으로 부부 사이가 몹시 좋음을 이릅니다.

이처럼 악기는 예로부터 평생의 소중한 친구와 동반자에 비유될 정도로 소중한 것이었습니다.

하지만 주변을 살펴보면 '우리 아이가 단순히 악기 하나쯤은 다룰 수 있으면 좋겠다'는 마음에 악기교육을 시작하는 경우가 많습니다. 별 고민 없이 아이에게 대중적인 악기를 쥐어주거나 가까운 동네의 피아노 학원에 데려가기도 하지요.

이것은 잘 알아보지 않고 평생의 친구를 사귀는 것과 같습니다. 모든 상황을 고려하여 아이에게 꼭 맞는 악기를 선택하기는 어렵습니다. 하지만 조금 더 악기에 대해 이해하고 고민한다면 아이와 어울리는 악기를 찾을 수 있습니다.

어린 나이에 악기를 시키고 싶을 때

만 5세 미만으로 아이가 정말 어린데 악기를 시작하고 싶다면 어떻게 해야 할까요? 이렇게 어린 아이라면 전문적인 레슨보다는 어린이를 위한 노래교실 또는 음악교실을 추천합니다.

그래도 부모님께서 악기를 가르치고 싶은 의지가 강력하다면 바이올린을 추천합니다. 바이올린은 아주 작은 아이도 다룰 수 있도록 매우 작은 사이즈(1/16)도 있습니다. 오직 현으로만 이루어져서 어린 아이들도 소리를 만드는 과정에 집중합니다. 어떤 연주가들은 바이올린이 음을 만들어내는 악기라서 피아노보다 바이올린을 먼저 배우면 음 pitch에 대한 민감도가 예민하다고 말합니다. 장난감처럼 작은 바이올린을 왼손으로 잡고 활을 오른손에 쥐고 문지르면 소리가 나는 바이올린은 어린 나이에도 시작할 수 있는 악기입니다.

아이의 성향에 따라 악기 고르기

어떤 음악교육 전문가들은 아이의 정신적, 성격적 요소를 분석하여 맞는 악기를 추천하기도 합니다. 이뿐만 아니라 성격검사, 다중지능검사 등을 토대로 악기를 고릅니다. 객관적 데이터에 의해 추천받은 악기는 지속성 면에서 성공을 거둘 확률이 높다는 연구 결과가 있습니다.

하지만 그 악기가 아이에게 진짜 '금슬지락'인지 아닌지는 아무도 모릅니다. 아이의 성향과 악기를 맞추기 위해 고려할 변수가 너무 많습니다.

13세 나이에 줄리어드 음악원에 전액 장학생으로 입학한 바이올리니스트 정경화는 어렸을 때 피아노를 배웠지만 악기의 덩치가 크다는 이유로 피아노를 싫어했습니다. 제17회 국제 쇼팽 콩쿠르에서 우승한 피아니스트 조성진은 바이올린을 먼저 배웠으나 서서 연주하기 싫다는 이유로 피아노로 바꿨습니다. 세계적인 연주자도 악기를 바꾼 경험이 있는데, 우리 아이에게 한 가지 악기만 너무 고집하거나 그동안 배운 것이 아까워서 다른 악기를 못 배우게 하는 것은 맞지 않습니다.

이렇듯 악기를 고를 때 아이의 성향과 딱 맞는 악기를 고르기는 어렵지만, 한 번쯤은 어떤 악기가 우리 아이와 잘 어울릴까 깊이 고민해 봐야 합니다. 아이의 기질과 성향에 맞춰 선택하면 좀 더 쉽게 악기와 친구가 될 수 있습니다.

피아노는 끈기가 있고, 선생님의 조언대로 잘 따라 하며, 혼자서 무언가 하는 것을 좋아하는 아이와 잘 어울립니다. 반면에 사교적이고 외향적인 아이는 혼자서 피아노 방에 들어가 앉아 있는 것을 끔찍하게 여깁니다.

꼼꼼하고 내성적인 아이라면 부드러운 음색을 좋아하기 때문에 현악기가 좋습니다. 현악기를 하고 싶은데 조금 활달한 성격이라면 첼로나 더블베이스가 좋습니다. 악기 크기가 클수록 배울 때 에너지가 많이 필요하고 이 아이들은 큰 악기를 자랑스러워하기 때문입니다.

친구와 어울리기를 좋아하는 사교적인 성격이라면 금관악기가 좋습니다. 금관악기는 악기가 크든 작든 여러 사람과 어울려 연주하는 것이 숙명입니다. 또 이런 성격의 아이들은 금관악기의 큰 음량을 자랑스러워하고 시원하게 소리를 내뿜는 것을 좋아합니다.

자기 표현에 익숙지 않은 아이, 화음보다는 주선율에 매력을 느끼는 아이는 플루트나 클라리넷이 좋습니다. 플루트와 클라리넷은 음색이 부드럽고 따뜻하며 단선율 악기로서 주선율을 주로 연주합니다. 의외로 악기 소리가 크기 때문에 연주하면서 자신감도 함께 키울 수 있습니다.

타악기는 대부분 에너지가 넘치고 활기찬 아이에게 추천합니다. 넘치는 에너지를 타악으로 발산할 수 있기에 성격이 차분해지는 효과도 있습니다. 세련된 연주를 위해 필요한 세밀한 음량 컨트롤, 미세한 손 움직임도 배울 수 있습니다. 또 타악기는 신체 활용도가 높은 악기이기에, 운동능력과 협응력이 뛰어난 아이에게 잘 어울립니다.

하지만 때에 따라서는 반대 성향이 더 잘 맞기도 합니다. 내성적인 성격이지만 큰 소리 악기에 끌리는 경우가 있기도 하고, 외향적인 아이가 현악기의 음색에 끌리는 경우도 있습니다.

누구보다 아이와 가장 어울리는 악기를 선택해줄 사람은 부모님입니다. 아이의 성향과 특성을 잘 아는 사람이 부모이기 때문입니다. 우리 아이에게 어떤 악기가 잘 어울릴지 이야기를 나눠보세요. 몇 년 후 멋지게 연주하는 선 아이의 모습을 생각하면서요.

주변 환경 살피기

아이의 성향을 잘 파악하여 악기를 고르는 것도 중요하지만 주변 환경을 고려하여 악기를 고르는 것도 이에 못지않게 중요합니다.

현재 배우고 있는 악기가 지금 열심히 배울 수 있는 환경이고, 몇 년 후에도 계속 배울 수 있는 환경인지 살펴봐주세요. 현재 초등학교 오케스트라에서 열심히 바이올린을 배우고 있다 해도 중학교에 바이올린을 연주할 수 있는 오케스트라, 현악부 등의 동아리가 없다면 후에 배움의 원동력이 현저히 떨어질 수 있습니다. 특히 음악에 열정이 적은 아이라면 더욱 그렇습니다. 현재는 레슨을 받으며 즐겁게 배우고 있더라도 비슷한 악기를 하는 친구와의 어울림이 줄거나 정기적인 연주 기회가 사라지면 배움을 유지하기 어렵습니다.

만약 형제나 자매가 있다면 비슷한 부류의 악기를 배우는 것도 도움이 됩니다. 음악에 대한 의견을 교환하고 서로 가르치기도 합니다. 함께 악기를 배우고 같은 오케스트라나 밴드에 들어가면 아이들의 스케줄을 관리하기 편하고, 더 잘하기 위해 경쟁하는 모습도 발견할 수 있습니다.

큰딸과 둘째딸은 함께 첼로를 배우고 있습니다. 함께 연습할 때면 큰딸이 둘째딸에게 열심히 잔소리를 하며 가르치는 모습을 종종 볼 수 있습니다. 한번은 둘째딸이 저에게 "아빠, 나도 열심히 하면 언니보다 잘할 수 있어?" 진지하게 물었습니다.

가정 경제 고려하기

악기를 시작할 때 가정 경제 상황도 고려해야 합니다. 사실 처음 악기를 시작할 때는 악기 구입 가격보다 유지비, 레슨비가 더 큽니다. 오히려 악기구입 비용은 저렴한 교육용 악기를 구입하거나 마음먹기에 따라 대여도 할 수 있어서 초기에는 크지 않습니다.

하지만 악기를 배우고 얼마 후 연주 실력이 향상되면 그에 맞는 악기를 구매해야 합니다. 이때는 처음 악기를 구입할 때보다 훨씬 큰 돈이 듭니다. 이미 아이의 귀가 음악적으로 트여 더 좋은 악기를 찾기 때문입니다.

상대적으로 악기의 수준이 올라갈수록 표준적인 가격 범위가 정해져 있는 관악기가 현악기에 비해 저렴합니다. 대학생 시절, 음악교육과 교수님은 가끔 찻집에서 클라리넷을 불어주셨습니다. 문득 악기 가격이 궁금해서 여쭤본 적이 있는데 유명 음대를 졸업하시고 연주자 생활도 오래하신 교수님이 쓰시는 악기 치고는 저렴하다는 생각이 들었습니다. 교수님께서는 관악기는 어느 정도 표준 가격이 형성되어 있다고 귀띔해주셨습니다. 반면 현악기는 만드는 과정과 재질의 특성상 소리에 따라 가격이 천차만별입니다.

요즘은 예전보다 악기 레슨을 받을 수 있는 방법이 다양해졌습니다. 학교 방과후 프로그램, 지역 오케스트라, 대형마트 문화센터, 학원, 그룹레슨, 개인레슨 등을 통해 악기를 배울 수 있기 때문입니다. 학교의 방과후 프로그램과 문화센터는 우수한 선생님을 만날 수 있고 레슨비도 저렴합니다. 지역의 오케스트라는 주1회 레슨을 받으면서 오케스트라 단원도 될 수 있어서 1석 2조입니다.

하지만 아이가 음악에 흥미가 있고 악기 실력이 뛰어나다면 전문 레슨을 받기 마련이고 비용은 훨씬 올라갑니다. 전문 레슨 비용은 지역과 주변 환경, 레슨 형태, 레벨에 따라서 다양합니다.

때로는 느낌이 더 잘 맞을 때가 있다

그래도 어떤 악기를 선택할지 잘 모르시겠다고요? 괜찮습니다. 이론보다 느낌이 더 잘 맞을 때도 있으니까요. 만일 사는 곳과 가까운 장소에서 음악회가 열린다면 아이와 함께 가보세요. 단지 음악을 감상하는 데 그치지 말고 우리 아이를 유심히 관찰해야 합니다. 혹시 아이가 눈길을 많이 주는 악기가 있는지, 부모님께 자꾸 질문하는 악기가 있는

지 말이에요.

집으로 돌아와서 스마트폰으로 악기에 대한 정보를 검색하고 이야기를 나눠보세요. 아이가 한 악기에 관심과 호기심을 보인다면 배울 준비가 된 것입니다.

여러 가지 악기 이해하기

아이보다 부모님이 먼저 악기의 기본 특징을 알고 있는 것이 좋습니다. 여러 악기의 장단점을 파악하고 있으면, 아이가 악기를 선택할 때 충분한 조언을 할 수 있습니다. 앞장에서 악기에 대한 소개 글을 다뤘기에, 여기선 부모님들의 이해를 도울 수 있도록 악기의 기본 특징만 다루겠습니다.

이곳에 제시한 악기 가격은 교육용 악기에 해당하는 적정 가격을 제시했음을 참고해주세요.

오케스트라 악기

오케스트라 악기는 크게 세 부류로 나눌 수 있습니다. 현악기, 관악기, 타악기입니다.

현악기는 줄을 활로 연주하는 악기로 바이올린, 비올라, 첼로, 더블베이스가 있습니다. 모두 작은 사이즈부터 큰 사이즈까지 자신에 맞게 선택할 수 있습니다.

현악기

• 바이올린

악기의 왕이라 불리는 피아노에 견줄 만큼 많은 독주곡을 가지고 있습니다. 크기가 작아서 어렸을 때 시작해도 부담이 적습니다. 절대 음감을 익힐 수 있는 C조 악기('도' 음이 피아노의 '도'와 같은 악기)인 것도 장점입니다. 아이들은 바이올린 소리에 많은 매력을 느끼는데, 그 음폭이 아이들 목소리와 비슷하기 때문입니다. 시작하는 나이는 6세 이상이 적당하지만 스즈키 교육 등 놀이로 배우는 바이올린 프로그램을 이용한다면 4세도 가능합니다.

악기 - 20만 원

활 - 4만 원(6개월 주기 교환)

송진 - 1만 원(6개월 정도 사용)

팔길이 재는 법 - 목(목과 어깨가 만나는 지점)부터 손바닥 중간까지

사이즈	1/16	1/10	1/8	1/4	1/2	3/4	4/4
팔 길이	39이하	40~43	44~47	48~52	53~56	57~60	60이상
키(cm)	95이하	95~105	105~115	115~125	125~135	135~145	145이상
나이(만)	3세 이하	3~4세	4~5세	5~7세	7~9세	9~11세	11세 이상

바이올린(왼쪽)과 비올라. 가까이에서 보면 비올라가 조금 더 크다.

• 비올라

비올라는 첫 악기로 선택해서 연주하는 경우가 드물지만 바이올린을 배우던 아이들이 부드럽고 담백한 소리에 매료돼 배우기도 하고, 튀지 않고 묵묵한 비올라의 성격과 자신의 스타일이 딱 맞아 선택하기도 합니다. 비올라 연주자가 적기 때문에 학교나 청소년 오케스트라 지휘자의 권유로 악기를 바꾸기도 하지요. 바이올린보다 음역이 낮고 첼로보다 높기 때문에 주된 역할은 주선율과 근음 사이의 화음을 넣어주는 것입니다. 크다는 것을 제외하곤 바이올린과 연주 방법이 같습니다. 어린아이라면 바이올린을 하다가 비올라를 배우는 것이 일반적이기 때문에 비올라로 처음 시작하는 경우 초등학교 5학년 이상이 좋습니다.

악기 - 50만 원

활 - 4만 원(6개월 주기 교환)

송진 - 1만 원(6개월 정도 사용)

팔길이 재는 법 - 목(목과 어깨가 만나는 지점)부터 손바닥과 손가락의 경계까지

사이즈	13"	14"	15"	15"1/2	16"	16"1/2
팔 길이	54이하	54~60	60~63	63~65	65~69	69이상
키(cm)	135이하	135~145	145~155	155~165	165~175	175이상
나이(만)	3~4세	4~5세	5~7세	7~9세	9~11세	11세 이상

• **첼로**

조용한 곳에서 바흐의 무반주 첼로 모음곡을 듣고 있노라면 첼로 소리가 가슴 깊은 곳을 어루만지는 느낌이 듭니다. 첼로는 음역이 성인의 목소리와 비슷하고, 다리 사이에 끼고 앉아서 연주하는 점, 심장과 가까운 곳에 악기가 있다는 점에서 연주자에게 묘한 안정감을 줍니다. 낮은음자리표를 악보로 사용하며 독주곡의 레퍼토리도 많이 갖추고 있습니다. 오케스트라에서 연주한다면 비교적 쉬운 악보를 받으므로 악보를 읽는 스트레스가 적습니다. 7세 이상부터 시작을 권합니다.

악기 - 60만 원

활 - 4만 원(6개월 주기 교환)

송진 - 2만 원(6개월 정도 사용)

사이즈	1/8	1/4	1/2	3/4	4/4
키(cm)	120이하	120~130	130~145	145~155	155이상
나이(만)	6세 이하	6~8세	8~10세	10~12세	12세 이상

- **더블베이스(콘트라바스, 콘트라베이스)**

오케스트라에서 가장 큰 악기이며 가장 저음을 냅니다. 더블베이스는 콘트라바스, 콘트라베이스 등 여러 이름으로 불립니다. 하지만 모두 같은 악기입니다. 더블베이스 연주자의 고뇌를 그린 파트리크 쥐스킨트의『콘트라베이스』라는 책으로 잘 알려져 있습니다. 더블베이스는 작은 크기로도 만들어져 어린아이도 배울 수 있지만 악기를 지탱하고 컨트롤할 만한 충분한 힘이 있어야 합니다. 첼로와 마찬가지로 낮은 음자리표를 읽어야 합니다. 재즈 연주에도 많이 활용되기 때문에 연주회가 많은 시즌에는 더블베이스 세션(세션=잼 세션. 레코딩이나 공연을 위해 몇 곡만 연주하는 협력 그룹)을 구하기 어려울 정도입니다.

악기 - 200만 원

활 - 8만 원(1년 주기 교환)

송진 - 2만 원(1년 정도 사용)

사이즈	3/4	1/2	1/4	1/8	1/16
신장	165cm 이상	145~160cm 이상	130~145cm 이상	120~135cm 이상	100~120cm 이상
참고	중등1학년 이상	초등5~ 중등1학년 이상	초등3~ 5학년 이상	초등1~ 3학년 이상	유치~ 초등1학년 이상

관악기

관악기는 목관악기와 금관악기로 나눌 수 있습니다. 목관악기는 플루트, 클라리넷, 색소폰, 오보에 등이 있고, 금관악기는 트럼펫, 호른 등이 있습니다.

• 플루트

관악기 전체에서 유일하게 가로로 사용하는 악기이며, 빠르고 현란한 기교를 자유롭게 사용하는 악기입니다. 다른 목관악기와 다르게 리드를 사용하지 않고 마우스피스로 소리 내는 악기입니다. 플루트는 반짝반짝 빛나는 재질이지만 목관악기입니다. 예전에 나무로 된 플루트를 사용했기 때문이죠. 지금도 나무 플루트

를 사용하는 연주자가 있습니다. 플루트는 일반적으로 초등학교 3~4
학년 정도면 모든 키를 짚을 수 있습니다. 가끔은 더 어린 아이가 마우
스피스만 가지고 소리를 내며 연습하는 것을 볼 수 있습니다.

악기 - 50만 원

• **클라리넷**

관악기중 가장 넓은 음역을 자랑합니다. 〈모차르트의 클라리넷 협
주곡 K. 622〉는 클라리넷의 부드럽고 서정적인 소리를 잘 살린 곡으
로 유명하지요. 클라리넷은 색소폰과 함께 홑리드를 사용하며 겹리
드에 비해 소리 내기가 수월하고 호흡양도 크지 않습니다. 우리나라
에서는 악기의 크기가 크기 때문인지 남자들이 많이 배우
고 있으나, 외국에서는 여자들이 더 많이 배웁니다. 오
히려 플루트가 더 많은 호흡량이 필요해서 폐활량이
좋은 남자에게 이점이 있다고 말하는 연주자
도 있습니다. 일반적으로 초등학교 3~4학
년 정도면 손가락을 펼쳐
쉽게 아래까지 키를
덮을 수 있습니다.

마우스피스   리드

악기 - 80만 원

마우스피스 - 10만 원

리드 - 10개 3만 원(연습량에 따라 다르지만 리드 한 개를 1개월 정도 사용)

• 색소폰

1840년 아돌프 색스Adolphe Sax가 금관악기와 목관악기의 장점을
결합하여 만든 악기입니다. 그래서 큰 음량과 부드러운 톤을 동시에
지녔죠. 1840년에 탄생했기 때문에 그전에 작곡된 오케스트라 교향
곡에서는 색소폰을 만나보실 수 없습니다. 그 까닭으로 큰 교향악단
이 아니라면 색소폰 연주자가 없는 곳도 있습니다. 클라리넷과 같이
홑리드를 사용하여 소리내기가 수월하며, 특히 자신의 입 모양이나 연
주 스타일에 맞게 다양한 마우스피스를 선
택할 수 있는 게 장점입니다. 색소폰의 강
렬하고 화려한 사운드에 매료되어 배우기
시작하는 아이들이 꽤 있습니다. 소프라노,
알토, 테너, 바리톤 색소폰이 있으나 주로 처음에
는 약 3kg쯤 되고 다른 종류의 색소폰으로 전이가
쉬운 알토 색소폰으로 시작합니다. 4~5학년에 시
작하면 적당합니다.

악기 - 120만 원
마우스피스 - 15만 원
리드 - 10개입 3만 원(연습량에 따라 다르지만 리드 한 개를 1개월 정도 사용)

• 오보에

오케스트라의 조율 악기로 사용되는 오보
에는 독특한 음색으로 다른 악기의 소리를
뚫고 멀리 있는 연주자에게도 전달되
는 특성을 가졌습니다. 영화 〈미션〉의
주제곡 〈가브리엘 오보에Gabriel's
Oboe〉(넬라 판타지아[Nella Fantasia]의
원곡)를 떠올리시면 '아, 이 악기구나!' 할 것입니다. 오보에는 클라리
넷, 색소폰과 다르게 두 장의 리드가 겹쳐진 겹리드 악기입니다. 대부
분의 연주자가 이 리드를 직접 만들어서 사용하지요. 입술과 혀
를 잘 이용해야 소리가 나기 때문에 인내를 하며 배울 수 있
는 초등학교 6학년쯤이 적당하며, 주로 리코더, 클라리넷
등을 배웠던 아이가 세컨 악기로 선택하곤 합니다.

오보에 리드

악기 - 250만 원

리드 - 한 개에 1만 원(만들어 쓰는 연주자가 많아서 가격을 매기기 어렵습니다.)

• 트럼펫

높은 음역과 굉장히 큰 소리를 자랑하기에
오케스트라에서도 그 소리가 돌
출됩니다. 마우스피스의 구멍
이 작아서 그 구멍을 통해 공기

를 넣는 연습이 필요하며, 입술과 주변의 근육도 잘 발달되어야 합니다. 특히 고음역의 소리는 내기가 쉽지 않습니다. 하지만 전통 클래식과 재즈를 넘나드는 넓은 확장성, 담담하고 고운 소리부터 휘몰아치듯 강렬한 소리는 트럼펫의 진정한 매력입니다. 초등학교 4학년 정도면 시작이 가능하고 이것보다 더 일찍 배우고 싶은 동기가 강한 아이들은 트럼펫과 원리가 흡사하지만 작은 코넷으로 시작하기도 합니다.

악기 - 80만 원

• 호른

따뜻하고 포근한 음색이지만 널리 울려 퍼지는 웅장함이 있는 악기입니다. 이런 소리를 낼 수 있는 까닭은 돌돌 말아놓은 긴 관 때문입니다. 소리가 긴 관을 타고 이동하며 부드러워집니다. 왼손으로 밸브를 조작하고 오른손은 벨 안쪽에 넣어 악기를 지탱합니다. 입술을 벌리는 정도에 따라 음 높이를 구분할 수 있는 뛰어난 감각이 필요합니다. 호른은 연주자 수에 비해 필요한 곳이 많기 때문에 어느 오케스트라나 관악단에 들어가면 언제나 환영받는 존재입니다. 초등학교 4학년 이상이 배우기 좋습니다.

실용음악 악기

실용음악이란 '가요 등을 비롯하여 영화음악, 광고음악, 방송음악, 공연음악 등 현대 대중음악'을 일컫습니다. 즉 우리 생활 속에서 실용적으로 사용되는 음악을 총칭합니다. 실용음악 악기는 드럼, 기타, 베이스, 피아노(신디사이저) 등을 말합니다.

• **드럼**

예전에는 청소년 오케스트라, 브라스 밴드, 마칭 밴드 등에서 작은북을 연주하다 드럼 연주자가 되는 경우가 많았습니다. 그러나 이제는 드럼의 대중화로 시작부터 세트 드럼을 배우는 아이들이 대부분입니다. 어렸을 적부터 드럼과 친해지면 박, 박자에 대한 이해가 깊어지고 음악의 다양한 리듬과 비트를 잘 느낄 수 있습니다. 평생 동안 음악을 들을 때 곡의 리듬을 분석하는 독특한 취미 를 가지게 됩니다. 그만큼 리듬과 밀접한 악기입니다.

드럼은 무대에서 주로 중앙을 차지하기에 주목받기 좋아하는 아이들에게 잘 맞습니다. 후에 오케스트라의 타악기, 그룹사운드,

종교 단체 등에서 연주할 수 있어서 그 쓰임새도 다채롭습니다.

초등학교 3학년 정도에 시작하면 스틱을 쥐고 움직이는 힘이 충분하고 의자를 낮게 세팅하여 풋페달도 밟을 수 있습니다. 최근 대중적으로 출시되기 시작한 주니어 드럼을 이용하면 유치원생도 세트 드럼을 연습할 수 있습니다. 큰 소리 때문에 웬만한 장소에서는 연주가 어려워 개인 연습실이나 학원에서 연습해야 합니다. 아이가 드럼에 푹 빠져 있다면 전자드럼을 사 주는 것도 방법이 될 수 있습니다.

악기 - 120만 원
스틱 - 1만 원(2~3개월에 교환)
드럼피 - 6만 원(1년에 한 번 교환)

· 기타

실용음악에서 기타라고 하면 대부분 전자기타를 일컫지만, 기타를 처음 배울 때에는 주로 통기타나 클래식기타로 시작합니다. 모양과 크기의 차이가 있지만 대중음악에 가까운 것은 통기타, 클래식에 가까운 것은 클래식기타라고 생각하면 됩니다. 둘은 생김새는 닮고 성격은 다른 친구라 할 수 있습니다.

통기타는 웬만한 집에 한 대씩 있을 만큼 대중적인 악기이고, 노래를 하면서 반주할 수 있는 악기입니다. 때로는 핑거스타일로 화려한 연주도 할 수 있고 기계에 연결하여 강렬한 사운드도 낼 수 있습니다. 줄의 장력이 강해서 손아귀 힘이 필요하므로 초등학교 4학년 이상이 배우면 적당합니다.

악기 - 20만 원
줄 세트 - 1만 원(6개월 정도에 한 번 교환)
피크 - 1천 원

클래식 기타는 나일론 줄을 사용하여 부드러운 소리를 내고 플랫 너비가 조금 더 넓습니다. 어린이를 위한 사이즈가 있긴 한데, 연주 방법과 손가락 크기를 생각했을 때 초등학교 4학년 이후에 배우는 것이 좋습니다.

악기와 소모품 가격은 통기타와 비슷합니다.

일렉기타(전자기타)도 크기와 구조는 통기타와 비슷합니다. 울림통이 없어서 악기 자체로는 소리가 거의 나지 않아 앰프가 반드시 필요합니다. 앰프 자체에 있는 툴을 사용하여 강렬한 소리나 부드러운 소리, 울림이 긴 소리 등을 표현할 수 있습니다. 더 큰 효과를 보려면 이펙터라고 부르는 전자기기를 사용하면 됩니다. 요즘 초등학교에도 그룹사운드부의 개설로 전자기타를 배우는 아이들이 늘었습니다.

악기 가격과 소모품은 통기타와 비슷하지만 개인 앰프, 이펙터 등을 별도로 구비해야 합니다.

베이스기타는 다른 기타와 다르게 네 줄로 연주하는 것이 일반적이며, 코드의 근음을 연주하여 음악의 중심을 잡아줍니다. 곡의 리듬을 살려주는 역할이며 차분하고 리듬감 있는 아이들이 배우면 좋습니다. 베이스를 배운 아이들은 음악을 들을 때 남들은 잘 듣지 못하는 낮은 음을 찾아 듣는 진귀한 경험을 하게 됩니다. 마찬가지로 앰프와 이펙터가 필요합니다.

악기 - 30만 원

줄 세트 - 6만 원(1년 이상 사용)

18

우리 아이에게 꼭 맞는
악기 선생님을 구해주세요

중고등학교 시절에 제물포(제대로 물리 포기, 쟤 때문에 물리 포기했어)라는 말 들어보셨나요? 싫어하는 선생님의 과목은 공부하기 싫고 성적도 낮게 나오는 반면 좋아하는 선생님의 과목은 공부가 재미있고 성적도 높게 나오던 경험이 있으실 겁니다.

혹시 악기를 배우러 갔다가 몇 주 동안 엄하게 기본만 가르치는 선생님 때문에 그 악기가 평생 보기 싫었던 기억은 없으신지요.

음악을 배우는 데 있어 레슨 선생님은 평생의 음악 멘토와 같습니다.

제 딸아이의 첼로 선생님은 명문대를 나오지도 해외 유학을 다녀오지도 않았지만, 아이들이 음악과 악기를 좋아하도록 가르쳐주셨습니다. 지쳐 보이면 일찍 끝내는 날도 있고, 때론 사탕과 초콜릿을 나눠주기도 합니다. 소리를 크게 냈다고 칭찬하는 날도 있고, 자신감 있게 연주했다고 칭찬하는 날도 있습니다. 아픈 날에는 몸 상태를 걱정해주시고, 연습하기 싫다고 하면 어렸을 때 선생님도 그랬다며 공감해주시기도 합니다. 물론 계속 연습을 안 하면 따끔하게 혼내시기도 합니다. 참으로 고마운 분이지요?

먼 무당이 꼭 용하지는 않습니다

'먼 무당이 용하다'는 속담이 있지만, 악기 선생님을 구할 때는 맞는 말이 아닙니다. 레슨 선생님을 구할 때에는 인근에서 알아보는 것이 좋습니다. 요즘 아이들은 스케줄이 빡빡해서 분 단위로 움직이기도 합니다. 악기 선생님의 스케줄도 마찬가지입니다. 또 필요에 따라 레슨 일정을 변경하는 경우도 있기에 인근에서 찾는 것이 좋습니다.

먼 곳에 레슨을 받으러 다니다 보면, 아이가 학원 차나 부모님 차에서 보내는 시간이 많아집니다. 이 때문에 정작 레슨 시간에는 지쳐 있기도 합니다. 심지어 이동 시간이 레슨 시간보다 긴 경우도 보았습니다.

멀리 레슨을 다니는 아이를 둔 부모님께 여쭤보면 나름의 이유가 있습니다. ○○대학교를 졸업하신 선생님, ○○으로 해외 유학을 하신 선생님, ○○악단에 속해 있는 선생님이 그 까닭입니다. 하지만 이분들은 음악으로 치면 이제 걸음마 단계인 우리 아이에게 많은 에너지를 쏟을 수 없을 만큼 바쁠 수 있습니다.

아이와 잘 맞는 선생님은 실력이 뛰어난 선생님이 아니라 음악에 대한 사랑을 불어넣어 주는 선생님입니다. 만약 우리나라에서 정식 4년제 대학교 음악대학을 졸업했다면 아이를 가르치기에는 충분한 실력입니다. 가까운 곳에서 우리 아이와 잘 맞는 선생님을 찾으세요.

저는 악기 선생님과의 첫 만남엔 아이와 함께 나가 분위기 좋은 카페에서 만납니다. 그곳에서 이것저것 이야기를 나누다 보면 '이분은 우리 아이와 잘 맞겠구나!' 하는 느낌이 옵니다. 때로는 선생님이 금세 아이와 친해져 저보다 이야기를 더 많이 나누기도 합니다. 카페를 나오며 아이에게 "선생님 만나 뵈니까 느낌이 어때?"라고 살짝 물어봅니다.

레슨 선생님을 구할 때 물어봐야 할 것들

• 선생님이 졸업한 대학교와 최종 학력에 대해 질문합니다. 특히 음악대학교를 졸업했는지 확인합니다. 우리나라엔 음악대학교가 많지 않아서 대부분 이름만 들으면 알 수 있습니다.

• 그 악기를 전공했는지 반드시 물어서 확인합니다. 간혹 전공한 악기가 대중적으로 배우는 사람이 적은 까닭에 전공한 악기가 아닌 성격이 비슷한 다른 악기를 가르치기도 합니다. 첫 만남에 민망해 물어보기 어려울 수 있지만 나중에 후회하는 것보다 낫습니다.

- 그 외에 학위나 자격증이 있는지 물어봅니다. 복수 전공이나 석사로 어떤 학위나 자격증이 있는지, 사설 음악교육 기관에서 취득한 자격증이 있는지 등을 물어봅니다. 오르프 슐베르크, 코다이, 스즈키, 방과후 교사 자격증 등은 사설 기관 자격증이지만 가르치기 위한 특정 프로그램을 이수해야만 합니다. 대학교 외 학위나 자격증이 있다면, 그만큼 꾸준하게 연주나 음악교육에 관심을 기울인 것입니다.

- 우리 아이 또래를 가르친 경험이 있는지 물어봅니다. 특히 아이가 어리다면 비슷한 또래를 가르친 경험이 어느 정도 있는 분을 추천합니다.

- 소속되어 활동하는 실내악단, 오케스트라, 밴드 등을 물어봅니다. 그 지역에서 역사나 전통이 있고, 창단한 지 오래된 곳에서 활동하는 분이면 더 믿을 수 있습니다.

- 전문 분야가 나누어지는 악기라면 세부 전공을 물어봅니다. 만약 기타 선생님을 만났다고 하면 클래식기타가 전공인지, 베이스나 일렉기타가 전공인지 정확하게 물어봅니다.

- 레슨비를 정확히 물어봅니다. 우리 아이가 아직 집중력이 짧다면 시간당 수강료뿐 아니라 30분당 수강도 가능한지 물어봅니다.

• 어떤 교재를 사용하는지 물어봅니다. 교재가 없다면 어떤 과정과 내용으로 지도하는지 확인합니다. 실제로 훌륭한 선생님 중에는 음악공책만 가지고 장기간 악기 교육을 하는 분도 있습니다.

• 음악학원이라면 원장 선생님이 직접 가르치는지 강사가 지도하는지 확인해봅니다. 원장 선생님이 좋다는 소문을 듣고 왔는데 우리 아이가 다른 선생님께만 배운다면 속상하겠지요. 또 한 사람이 여러 악기를 가르치지는 않는지도 확인해야 합니다. 만약 그렇다면 되도록 가지 않는 게 좋습니다.

그래도 긴가민가하다면 샘플 수업을 요청해보는 방법이 있습니다. 선생님이 기분 나빠하실까봐 혹은 결례인 것 같아서 실제 요청하는 경우를 별로 보지 못했습니다. 하지만 실력 있는 악기 선생님이라면 흔쾌히 허락하실 것입니다. 또 그분들은 샘플 수업을 요청하는 부모님이라면 음악에 열정이 있을 거라 생각하며, 아이와의 만남을 더 기대합니다.

좋은 선생님 추천받는 요령

음악에 조예가 있는 사람에게 추천받는 것만큼 확실한 방법은 없습니다. 물론 추천받은 선생님이 우리 아이와 잘 맞는다는 보장은 없지만,

최소한의 실력과 인성에 대한 보증은 된 셈입니다.

첫째로 학교의 음악담당 선생님께 여쭤봅니다. 음악담당 선생님이 그 학교나 지역에서 오래 근무했다면 틀림없이 훌륭한 레슨 선생님을 많이 알 것입니다. 음악담당 선생님이 우리 아이의 특성과 성향을 잘 안다면 더 좋은 매칭을 할 수 있을 것입니다. 학교에 방과후 프로그램으로 악기가 있다면 방과후 선생님께 부탁하는 것도 좋습니다. 방과후 프로그램에 출강하는 선생님은 음악가로서 엄청난 프로필은 없을지라도 오랫동안 아이들을 지도한 경험이 있습니다.

살고 있는 인근의 지역 자원을 살펴봅니다. 음악 대학교가 있다면 뛰어난 선생님을 더 잘 찾을 수 있습니다. 지역에 교향악단이나 역사가 있는 악단이 있다면 좋은 환경입니다. 그분들은 대부분 뛰어난 연주 실력뿐 아니라 가르친 경험도 풍부하고 제자도 많습니다. 인근 지역에서 생활하기 때문에 더 믿을 수 있습니다.

만약 큰 악단이 없다면 실내악단, 밴드, 그룹사운드, 앙상블 팀도 대안이 될 수 있습니다. 이분들 역시 오랫동안 연주 생활을 한 분이며, 대부분 가르치는 일도 병행합니다.

종교가 있다면 같은 종교인에게 추천을 받는 것도 좋은 방법입니다.

그래도 좋은 선생님을 못 찾겠다면 살고 있는 지역의 악기사나 공방을 노크하세요. 물론 배우고 싶은 악기를 취급하는 악기사에 가야 합니다. 악기사나 공방을 운영하신 분들 중에는 음악을 전공하신 분이 많습니다. 또 악기 구입과 수리 등의 이유로 들락거리는 오랜 단골인 선생님들을 많이 알고 계십니다.

경계해야 할 악기 선생님

- 레슨 시간에 자주 늦는 선생님. 어쩌다 한 번은 차가 막혀서 늦을 수 있습니다. 그러나 그 횟수가 잦다면 경계해야 합니다. 레슨 시간은 아이와의 약속이고 레슨 선생님은 아이에게 잠재적으로 큰 영향을 끼치는 사람입니다. 시간 약속을 잘 지키지 않는 선생님이라면 심각하게 고려해보세요.

- 레슨 시간을 자주 변경하는 선생님. 스케줄이 엄청나게 많거나 다른 사업을 할 수도 있습니다. 어쨌든 우리 아이에게 관심을 쏟을 여유가 없는 분입니다.

- 여러 악기를 가르치는 선생님. 여러 악기를 가르치는 선생님은 한 악기를 가르칠 만한 충분한 전문 지식과 연주 스킬이 깊지 않을 확률이 높습니다. 이왕 악기를 배운다면 한 우물을 판 그 분야의 전문가에게 배우는 것이 좋습니다.

- '1년만 배우면 이 곡을 연주할 수 있어요'라고 말하는 선생님. 잘 가르치는 선생님은 아이들의 특성과 성향에 따라서 배우는 속력이 다르다는 것을 누구보다 잘 압니다. 어떤 기간에 이 정도 수준까지 연주할 수 있다고 자신하는 선생님은 잘못된 방법으로 진도만 나갈 수 있습니다.

- '○○대학교, ○○음악교육원, ○○음악 영재원에 들어가도록 해주겠다'라고 말하는 선생님. 아이가 악기를 배우는데 미리 진로나 진학을 논하는 것은 주객이 전도된 것입니다. 레슨 초기부터 이렇게 말씀하는 분들은 음악을 수단으로 생각하는 분일 수 있으니 경계해야 합니다.

장한나를 있게 한 선생님

첼로 신동으로 알려져 세계적인 연주자로 인정받고, 지금은 트론헤임 심포니 오케스트라 지휘자인 장한나는 텔레비전 프로그램 인터뷰에서 어렸을 때 기억을 더듬어 이런 말을 했습니다.

"처음 첼로를 배울 때 선생님이 조금 무서우셨어요. 6개월 동안은 별로 재미를 느끼지 못했죠. 악기가 어렵다고 생각했어요. 갑자기 선생님이 멀리 이사를 가는 바람에 6개월을 배우지 못했어요. 그러다 대학생 언니가 아르바이트로 저를 가르치기 시작했는데 악기가 너무 재미있는 거예요. 왜냐하면 제가 하는 걸 보고는 혼내지도 않고 너무 잘한다는 칭찬만 했거든요. 엄마가 과일 같은 걸 주면 같이 나눠 먹고, 나보고 예쁘다고 하고 잘하니까 또 해보라고 하고요. 그러니까 재미있더라고요. 선생님과 악기하며 노는 시간이 된 거죠. 배운다는 느낌보다는 즐기면서 논다는 느낌이었어요. 재미가 있다 보니, (악기에) 좀 더 관심이 가고, 관심이 가다 보니, 잘하는 사람은 어떻게 연주할까? 궁금해졌어요. 대학생 선생님을 그때 만났기 때문에 오늘날의 제가 있습니다."

첫 레슨 준비

처음으로 레슨을 시작하는 날이라면 아이가 기쁜 마음으로 시작할 수 있도록 작은 이벤트를 준비합니다. 무대에 서는 것처럼 예쁘고 멋진 옷을 입거나 평소 좋아하는 음식을 먹으러 갑니다. 작은 소원을 들어주는 것도 좋습니다.

첫 레슨부터 아이에게 '시간 약속 잘 지키기'를 강조해야 합니다. 레슨 선생님의 하루 일과는 움직이는 시간까지 꽉 맞게 짜여 있는 경우가 많기에 시간을 정확히 지켜 준비하는 것은 매우 중요한 일입니다.

줄이나 오선 노트, 학생과 선생님의 의자, 따뜻한 물 한 잔을 준비합니다. 레슨이 끝나면 다음 레슨에는 무엇을 준비해야 하는지 물어보는 것이 좋습니다. 선생님에 따라서 아이들이 사용할 푹신한 의자나, 간식, 메트로놈, 블루투스 스피커 또는 오디오, 색색의 필기구를 요청하는 분도 있습니다.

첫 레슨에 대부분의 부모들은 참관을 합니다. 이때는 있는 듯 없는 듯 조용히 있는 것이 예절입니다. 아이가 선생님의 말귀를 잘 못 알아듣거나 예의 없이 행동한다고 해서 통역을 하거나 다그치면 안 됩니다. 끝난 후에 아이와 이야기를 나누는 것이 좋습니다.

선생님께 부탁 사항이 있을 수도 있습니다. 어려운 말을 조금 풀어서 쉽게 해달라거나, 예의가 없을 때 따끔하게 혼내달라고 하거나 등 말입니다. 드릴 말씀이 있다면 메모해놓았다가 레슨이 끝나고 아이가 없는 곳에서 이야기를 나누는 것이 좋습니다.

첫 레슨이 끝나고 아이에 대해서 레슨 선생님이 부정적인 혹은 긍정적인 평가를 했다고 해서 실망하거나 기분이 들뜨면 안 됩니다. 아이를 한 번 만나고는 음악성, 성취도, 자질 등을 알 수 없습니다. 단지 의무감에 실오라기같이 발견한 부분을 가지고 말씀을 드렸을 것입니다.

또한 몇 번 레슨을 받았다고 지나치게 높은 실력 향상을 기대하면 안 됩니다. 특히 아이에게 "레슨 받았는데 이것도 모르냐?"는 말은 금기사항입니다. 이제 한두 걸음 뗐을 뿐입니다. 부모님은 조금 느리다고 생각할 수 있지만 선생님과 악기를 더 잘 배우기 위해 천천히 공부를 하거나 호흡을 맞춰가는 과정일 수도 있다는 사실을, 잊지 마세요.

우리 아이에게
꼭 맞는 연습 방법

♪
19

　　악기 연습은 아이들에게 힘든 일입니다. 악기 연습은 매사에 자유로움을 추구하는 아이들의 특성과는 반대되는 행위를 요구하기 때문입니다.

　　연습은, 익숙하지 않은 것을 익숙하게 하는 것입니다.

　　연습은, 어렵고 어려운 움직임을 능숙하고 빠르게 만드는 것입니다.

　　연습은, '팩 팩' 바람 빠지는 소리가 나던 마우스피스를 물고 입술과 턱에 근육을 만들어 부드럽고 깨끗하면서 긴 소리를 낼 수 있도록 하는 것입니다.

　　연습은, 바이올린을 바른 자세로 어깨에 올리고 활을 일직선으로 그으며 손가락을 움직이고 심지어 악보까지 빠르게 읽게 합니다.

어때요 쉬워 보이지는 않으시죠?

악기 연습은 슈퍼에서 식용유를 사 오는 심부름하기, 방 정리하기, 영화 감상하기, 달리기와는 다른 지적·신체적 영역을 사용합니다. 아이들은 악기 연습을 통해서 일상에서는 경험할 수 없는 것들을 사고하고, 배우고 취득합니다. 이처럼 힘들고 어려운 과정을 거쳐야 아름다운 연주를 할 수 있습니다.

레슨을 받고 성실히 연습하면서 실력이 향상됨을 느낀 아이는 음악을 더 즐기게 되고 연습을 열심히 하게 됩니다.

연습이 일상이 되도록 만들기

"연습 좀 해라!"

"악기에 먼지 앉았다."

"놀 거 다 놀고 언제 연습할래?"

"연습 안 하면 TV 못 본다!"

"연습 안 하면 용돈 없다."

혹시 지금 책을 읽고 계신 부모님들께 익숙한 소리 아닌가요? 어렸을 때 많이 들었던 말일 수 있고, 지금 많이 하는 말일 수도 있습니다.

우리는 음악에서 연습이 얼마나 중요한지 알고 있습니다. 연주 실력이 발전하는데 필수적인 것은 연습입니다. 또한 연습은 스스로 음악에 대한 동기와 성취욕을 불러일으킵니다. 아무리 음악에 엄청난 동기를 가진 아이라도 자신의 연주 실력이 형편없다면 금방 수그러듭니다. 연습을 통해 스스로 연주가 좋아지는 것을 느낀다면 음악에 점점 흥미를 갖게 되지요. 하지만 악기를 하는 대부분의 가정에서 부모와 자녀 간 갈등은 연습에 대한 잔소리에서 시작됩니다. 영화 〈비투스〉의 주인공 천재 소년 비투스도 피아노 연주에 천부적 재능을 가졌지만, 끊임없이 연습을 시키고, 좋은 레슨 선생님을 찾아나서는 부모님과 갈등을 겪습니다.

악기 교육을 하며 부모와 자녀의 갈등을 줄이려면 우리 아이의 연습 시간이 일상이 되도록 만들어야 합니다.

"○○아~ 이제 양치할 시간이야."

"양치는 왜 해야 하는데? 싫어!"

이런 반응을 보이는 아이는 별로 없습니다. 밥을 먹고 양치하는 건 당연하다고 생각하기 때문입니다. 연습 시간도 양치하는 것처럼 일상으로 받아들일 수 있도록 전략을 짜야 합니다. 이것만 가능하다면 악기 교육의 절반은 성공한 셈입니다.

• 처음 양치를 배울 때 엄마가 직접 닦아주고, 옆에서 지켜봐주는 것처럼, 처음 2~3개월 정도는 아이의 연습 시간에 부모가 함께합니다. 부모도 악기를 배운다면 더 좋습니다.

• 아이가 연습 시간을 정하도록 해야 합니다. 여기서 연습 시간이

라는 것은 매일 같은 시간에 연습해야 함을 의미하는 게 아니라, 매일 같은 시간 동안 연습해야 하는 양을 의미합니다. 요즘 아이들의 스케줄이 요일별로 조금씩 다르기에 매일 같은 시간에 연습하는 것은 지켜지기 어렵습니다.

연습 시간을 정할 때에도 부모가 일방적으로 정하지 말고 아이가 스스로 정하도록 해주세요. 아이들은 스스로 약속한 것을 더 잘 지키려고 노력합니다.

연습 시간을 적게 정했더라도 "네가 스스로 연습시간을 정했으니, 그 만큼만 연습해도 좋구나, 하지만 매일 그 시간을 지켜야 함을 잊지 말고, 연습 시간 동안은 집중해야 한다"라고 말해주세요.

- 스스로 연습 준비를 할 수 있도록 해 주세요. 악기를 케이스에서 꺼내고 연습하려고 멋지게 폼을 잡는 순간, 아이들은 '보면대 어디 있지? 악보 어디 있지? 어깨 받침 어디 있지? 송진 어디 있지?'라는 말이 반복된다면 스스로 연습하기 어렵습니다. 아이가 스스로 연습하기로 한 순간부터 악기연습을 위한 준비 과정을 철저히 한 가지씩 짚어줍니다.

만약 첼로를 연습한다면,

1. 의자를 가져온다.
2. T자 〈첼로가 미끄러지지 않게 하기 위해 의자에 끼우는 악기 받침대〉를 끼운다.
3. 보면대를 가져온다.

4. 오늘 연습할 악보를 펼쳐놓는다. 만약에 악보가 2개 이상이라면 연습할 순서대로 펼쳐 놓는다.

5. 활에 송진을 바른다.

6. 악기를 가져온다.

색소폰을 연습한다면,

1. 리드를 꺼내 물고 있거나 물에 담가 놓는다.

2. 의자를 가져온다.

3. 보면대를 가져온다.

4. 악보를 펼쳐놓는다.

5. 넥과 마우스피스를 끼운다.

6. 리드를 마우스피스에 끼운다.

7. 몸통과 넥을 조립하고 목걸이(어깨걸이)에 악기를 끼운다.

간단해 보이지만, 이 과정을 부모님이 짚어주지 않으면 아이는 스스로 연습하는 시작 단계부터 계속 헤맬 확률이 높습니다.

• 타이머를 마련해주세요. 연습 시간을 정했다면 타이머를 사주고 스스로 맞출 수 있도록 해주세요. 타이머 하나로

"엄마 나 몇 분 남았어?"

물어보는 아이에서 스스로 타이머를 보고 '이제 10분 남았군" 하고 생각하는 아이로 바꿀 수 있습니다. 숫자로 된 타이머 보다는 시계

바늘로 남은 시간을 알려주는 타이머를 아이들이 더 좋아합니다.

• 레슨 선생님께 연습 방법을 세부적으로 알려달라고 부탁하세요. 다음 레슨 시까지 '한 곡을 다 연습해야 하는지, 이 곡의 일부분만 2번째 줄까지 연습해야 하는지, 하루에 몇 번 정도 반복해야 하는지, 다음 배울 곡의 악보를 약간 읽어 와야 하는지, 스케일 연습을 하루에 2번 정도 매일 하면 좋은지' 등 세부적인 연습방법이 있을 때 아이는 스스로 연습하기가 쉬워집니다. 방법이 구체적일수록 실천하기 쉽고 성취감이 들기 때문이죠. 레슨 선생님에 따라 다르지만 연습 공책에 연습 횟수를 표시해서 주는 분도 계십니다. 레슨 선생님이 기대하는 연습을 끝내고 나서 시간이 남으면 하고 싶은 연습을 더 하면 됩니다.

• 연습 일지를 작성 해주세요. 아이가 7세 이하라면 부모님께서 연습 일지를 작성하고, 초등학교 이상이라면 스스로 연습 일지를 작성하도록 해주세요. 연습일지는 간단할수록 좋습니다. 오늘의 날짜와 요일을 적고 '12월 7일 토요일', 연습 시간을 적습니다 '6시~6시 20분'. 아이가 잘 보이는 곳에 붙여놔도 되고, 레슨을 받을 때 사용하는 음악 공책이 있다면 공책에 쓰도록 해도 좋습니다.

• 습관으로 자리 잡을 수 있도록 매일 격려해주세요. 이 과정이 습관이 될 수 있도록 부모님의 따뜻한 응원과 격려가 필요합니다.

• 연습 약속을 잘 지켰다면 보상을 해주세요. 일정 기간(2주, 한 달) 동안 스스로 정한 연습량을 채웠다면 보상을 해주세요. 보상 방법은 다양하며, 물질적으로 큰 것보다는 아이가 즐거움과 재미를 느낄 수 있는 것이 좋습니다.

얼마 전 큰 딸아이가 다니고 있는 학교에서 겨울방학에 실시하는 방과후 캠프 참가 동의서를 가져왔습니다. 겨울 방학 중 2주 정도를 9시에 연습을 시작해서 11시 30분쯤 끝나는 강행군으로 진행한다는 내용이 적혀 있었습니다. 첼로 레슨도 받고, 오케스트라 합주도 하는 일정이었지요. 매일 집에서 연습을 하고 있는 딸아이가 캠프까지 하면 힘들지 않을까 걱정되어, 겨울방학 캠프에 참가하고 싶은지 물었더니 이런 답을 들었습니다. "당연히 해야지! 친구들이랑 만날 수 있잖아"라는 대답이 돌아옵니다.

스즈키 교육에서도 그룹레슨의 장점으로는, 친구들의 소리를 들으며 배울 수 있고, 경쟁심도 생기고, 즐겁게 배울 수 있다고 했습니다. 이처럼 아이들은 친구들과 함께 연습하면 좋은 점이 많습니다.

아이들은 다른 친구가 연주하는 곡을 듣고, 그 곡이 좋으면 '나도 빨리 그 곡을 연주하고 싶다'라고 생각합니다. 특히 수준이 엇비슷한 학생들이 모여 있는 경우 서로 더 잘하고 싶은 경쟁의식도 느낍니다. 만약 우리 아이가 혼자서 연습을 잘 하지 않는 경우라면 여럿이 있는 장소에 가서 연습을 하는 것도 좋은 방법입니다.

반대로 혼자 연습하는 것의 장점도 있습니다. 온전한 나의 악기 소리를 들을 수 있지요. 그래서 집중적으로 안 되는 부분을 연습할 수 있고 부족한 부분을 더 잘 파악할 수 있게 됩니다. 특히 초보자의 경우에는 그룹으로 연습하기보다는 개인레슨과 혼자 하는 연습을 병행하는 것이 좋습니다. 개인레슨과 그룹레슨, 각각의 장단점을 잘 살펴 아이에게 맞는 최적의 연습 환경을 마련해주세요.

독학으로 악기를 배워도 괜찮을까

20

한 번쯤 누구나 도전하는 독학으로 악기 배우기. 저도 전제덕 씨의 하모니카 소리에 반해 덜컥 크로매틱 하모니카를 구입해 독학으로 악기를 시작해본 경험이 있습니다. 가슴을 울리는 음색의 연주를 꿈꾸며 시작한 지 몇 달 후. 과연 어떻게 잘되었을까요? 결론적으로 저는 실패하였습니다.

여러분 주변에 악기를 독학으로 시작해서 꾸준하게 연습하는 분들이 계신가요? 아마 배우는 도중 자신의 부족한(?) 음악적 소질을 탓하며 포기한 분들을 더 많이 보셨을 겁니다.

독학으로 악기를 배우는 것은 왜 성공하기 어렵고, 빨리 포기하게 되는 걸까요?

악기 독학은 악기를 처음 배울 때 필요한 기본적인 자세와 연주 방법 면에서 많은 한계점을 갖고 있습니다. 가장 중요한 기초를 배우지 못한 채로 악기 연습을 시작하게 되는 것이죠.

우리 자녀의 음악교육을 시작하는 학부모님들께 특별히 힘 주어 말씀드립니다.

아이들만큼은 되도록 독학으로 배우게 두지 마세요.

왜 우리 아이에게 독학을 시키면 안 되는지 좀 더 자세히 말씀드리겠습니다.

첫째, 독학은 악기의 기본이 흐트러질 가능성이 큽니다. 창조적이며 확장성을 가지고 있는 블록 '레고'를 다들 아실 겁니다. 아이들과 함께 기분 좋게 박스를 뜯고 조립하기 전, 여러분들이 가장 먼저 하는 일은 무엇인가요? 설계도부터 확인하는 것이죠. 작은 건물, 작은 유닛을 하나 만든다 하더라도 이 과정은 반드시 필요합니다. 어떤 건물이든 그것을 체계화된 순서에 맞게 기초부터 차근차근 조립하여야 완성본이 나올 수 있기 때문입니다.

악기 교육도 마찬가지입니다. 특히 처음 악기를 시작할 때에는 소리를 내는 것에만 집중하면 안 됩니다. 악기를 잡고 있는 자세부터, 손가락의 운지법, 호흡 등 차후에 심화된 연주를 가능케 할 수 있는 '최적의 기초'를 완전히 몸에 익혀야 합니다.

그다음 체계적인 순서에 맞게 소리 내는 방법을 배워가야 합니다.

이처럼 기본을 잘 갖추고 장기적으로 악기를 배우는 아이들은 교육과정의 틀 안에서 악기 교육이 이루어집니다.

또한 단계적으로 작은 소과제들을 달성하는 과정은 아이들의 성취감을 높여 교육적 효과를 이끌어냅니다. 하지만 독학은 어떤가요? 우선 소리를 내는 것에만 집중이 되어 있습니다. 소리가 나고 기본 음계를 익히게 되면, 일단 자신이 알고 있는 익숙한 곡들을 연주하는 데 혈안이 됩니다. 기본이 잘 갖춰지지 못한 상태에서 소리를 내다 보니 아주 투박한 느낌의 연주가 됩니다.

둘째, 실력이 더디게 늡니다. '독학'과 관련된 연관 검색어로 '시행착오trial and error'라는 말이 있습니다.

학습양식의 한 가지로, 시험과 실패를 거듭하는 가운데 학습이 이루어지는 일을 말하죠.

악기뿐만이 아니라 어떤 한 가지 분야를 습득하고 익히는 과정에서 많은 시행착오를 겪게 됩니다. 그러면서 잘못을 수정하고, 자신에게 맞는 방식을 터득해나가기도 합니다.

하지만 독학을 하면 '시행착오' 시간을 지나치게 소비하게 됩니다. 소리를 내는 것부터 단계별로 길을 제시해주는 과정이 없으니 막막하기도 합니다. 온전히 자신이 감내하면서 익히기 때문에 시간은 오래 걸리고 실력은 더디게 느는 것이지요.

아이들에게 시간은 금입니다. 무엇을 연습하면 되는지, 어떻게 어디서부터 하면 되는지 안내해주는 과정은 악기를 배우는 동안 에너지를 효율적으로 쓸 수 있게 합니다. 불필요한 시행착오를 줄이고 효율적인 연습으로 같은 시간에 악기 실력을 더 많이 신장시킬 수 있는 것이죠.

또한 악기를 배우다 보면 사람마다 부족하거나 고쳐야 할 점은 제각각 다릅니다. 이러한 것들은 혼자서 바로 찾아내기란 더더욱 어려운 일이지요. 그러기 때문에 현재 나의 연주에 대한 피드백을 줄 수 있는 사람을 곁에 두고 악기를 배우는 것이 그 무엇보다 중요합니다. 구체적이고 실질적인 피드백은 악기 실력 향상과 직결되는 것이지요.

"이 부분은 연주하기 쉽다고 넌 지금 무작정 빨리 치려고만 해."

"이 8분 쉼표를 충분히 쉬지 않고 그냥 넘어가고 있어."

"그 마디는 활을 눌러가면서 써줘야 해."

이런 디테일한 피드백들은 아이들의 연주력을 호전시키고, 실력을 향상시켜줍니다.

셋째, 쉽게 한계점에 부딪힙니다. 독학을 하는 사람들은 곡을 선택하는 것부터 연습을 하는 스케줄까지 모두 자신의 의지와 선택에 달려 있습니다. 배우는 과정이 굉장히 자유로우면서 자기주도적입니다. 피곤한 날은 하루 쉴 수도 있으며, 어느 날은 하루 종일 연습을 할 수도 있습니다. 이 곡을 하다가 마음에 안 들면 다른 곡을 연습하기도 합니다.

독학의 시작을 보면, 보통 내가 가장 연주하고 싶은 곡으로 시작하게 되는 경우가 많습니다. 이런 경우 자신이 애정하는 곡이기에 더욱 열정을 갖고 연습에 임하게 됩니다. 결국 그 곡을 멋들어지게 연주할 수 있는 순간! 그동안 굳어져버린 안 좋은 습관들이 하나둘씩 노출됩니다.

그 곡 하나를 장시간 연습하다 보면 자연스럽게 그 곡의 특성에 따라 생겨난 잘못된 습관들이 있습니다. 그 습관들은 연습을 거듭하면서 점점 굳어지기 시작합니다. 손가락부터 쉽게 잡고 내는 위치, 쓰는 근육 등 그 곡의 소리들을 내기 편하게 몸이 변형되어 굳어지는 것이죠. 이는 차후에 다른 곡을 연습할 때 팔이나 손가락 등에 통증을 유발할 수도 있으며, 굳어진 습관 때문에 좀 더 난이도 있는 연주기술을 적용하지 못할 수 있습니다.

그래도 아이가 악기 독학을 하고 싶어 한다면

마드리드 왕립 음악학교 교수이자 유명한 기타리스트 하비에르 소모사javier Somaza는 20세 때 독학을 통해 기타를 처음 시작한 특이한 이력을 가지고 있습니다. 인터뷰에서 그는 얘기합니다.

"저에겐 따로 레퍼런스나 롤모델이 없었습니다. 꼭 누군가를 따라 할 필요도 없었고, 그래서 오히려 다양한 스타일을 만들 수 있었습니다."

유튜브 구독자 600만 명을 가지고 있는 기타리스트 정성하는 한 인터뷰에서 이렇게 얘기합니다.

"열 살 때 아버지께 기타를 배워보고 싶다고 말씀드렸어요. 그래서 연주를 시작하게 되었고 그 후엔 유튜브를 통해서 기타를 배웠는데 유튜브 스타가 되었네요!"

이 사람들은 독학을 했지만 성공을 이룬 사람들입니다. 하지만 이들은 연습 과정에서 훨씬 많은 시행착오를 겪었을 것입니다. 여러분들 자녀 중에도 이미 독학을 통해 악기를 접하거나 시작한 아이들이 있을 거라 생각합니다.

일단 악기 독학을 시작한다는 사실은 음악에 관심이 있다는 말입니다. 악기를 배우고자 하는 자신의 의지가 담겨 있는 것이지요. 등 떠밀려 학원에 가서 매일 죽상을 하고 연습하는 아이들과는 시작부터 다른 것입니다. 계속 악기 독학에 취미를 갖고 열심히 하는 자녀라면 당연히 응원하고 격려해주셔야 합니다.

이때 중요한 포인트는 아이가 다음과 같은 경우에 해당되는지 잘 살펴보아야 한다는 것입니다.

- 흥미를 잃어갈 때
- 매일 똑같은 곡만 연주할 때
- 손가락이나 손목이 이상하게 아프다며 악기를 연주하기 싫다고 할 때
- 끙끙대며 어려워하는 부분을 결국 넘어가지 못하고 악기를 포기하려 할 때

"엄마는 네가 연주하는 그 곡이 참 좋아. 그만둔다니 너무 아쉬워. 계속 듣고 싶은데 혹시 혼자 배우기 너무 어렵니? 혹시 잘 안 되는 부분이 있다면 엄마가 도와줄 방법을 찾아도 될까?"

독학을 시작할 만큼 음악에 관심이 많았던 우리 아이가 어렵고 지

루하다는 이유로 그만두게 만들지 마세요. 이때 부모님이 건네는 도움의 손길은 우리 아이가 음악을 계속 즐길 수 있게 해줍니다.

4부.

우리 아이만큼은
음악과 함께하는 삶을

우리 아이가
음악과 함께하기를 바란다면

겨울비가 추적추적 내리는 날, 원고를 쓰고 있는 지금. 고즈넉이 음악과 제 삶의 관계를 뒤돌아봅니다.

'음악은 나에게 뭘까?'

어렸을 적 리코더로 시작된 악기에 대한 재미는 현재 몇 개의 악기를 배우는 원동력이 되었습니다. 초등학교 4학년 때 세뱃돈을 모아서 샀던 워크맨으로 늘어질 때까지 테이프를 들었던 기억은 지금도 소중합니다. 교사가 되어서도 항상 음악부서를 맡았고, 학교를 옮겨 음악부가 없는 곳에서는 음악부를 창단하기도 했습니다. 아빠가 된 후로는 아이들에게 직접 음악과 악기를 가르치고 있습니다.

곰곰이 생각해보니 음악을 가까이하며 받은 선물이 많습니다.

어린 시절 즐겁게 친구들과 한 목소리로 불렀던 만화영화 주제곡들, 중학교 때 현악부 대회에 나가기 위해 수백 번 반복하며 들었던 모차르트의 음악들, 잠이 안 올 때 스르르 수면제가 되어준 드뷔시의 〈달빛〉, 사춘기 시절 내 마음을 읊조리는 듯한 무수한 가요들은 저에게 소중한 음악 선물 꾸러미입니다.

덜덜 떨었지만 사람들 앞에서 연주 후 받은 박수.

오케스트라, 음악교육과 음악동아리 등에서 만난 친구들.

사회에 나와서도 음악으로 뭉치며 만난 소중한 인연들.

음악이 제게 준 추억 선물 세트입니다.

이 밖에도 음악은 성공적인 삶을 살고, 즐거운 학교생활을 할 수 있도록 도와줍니다. 우리 아이 만큼은 저처럼 꼭 음악과 친한 친구가 되면 좋겠습니다.

흐르는 음악 속에서 즐기는 모습을 보여주세요

아이는 부모를 닮습니다. 얼굴 생김새와 신체적 특징뿐 아니라, 심지어 선호하는 음식과 가리는 음식도 닮습니다.

학교에서 근무하다 보면 학부모님들과 자주 상담을 합니다. 대부분의 경우 학생을 먼저 알고 부모님을 만나기에, 상담하러 온 부모님의 모습에서 학생의 생활태도와 습관, 사용하는 언어가 보일 때가 많습니다. 신기한 것은 학생이 책을 좋아하면 부모님도 책을 좋아하고, 학생이 음악을 좋아하면 부모님도 음악을 좋아한다는 것입니다. 모든 아이들은 거울처럼 따라하는 거울신경세포mirror neuron와 매일같이 보고 자라온 것을 닮는 '모델링 효과'를 가지고 있기 때문입니다.

따라서 우리 아이가 음악과 함께하는 삶을 살기를 바란다면, 아이 주변에 음악이 흐르는 환경을 만들어주고, 부모님께서 음악을 즐기는 모습을 자주 보여줘야 합니다.

저희 집에는 방마다 작은 오디오가 하나씩 있습니다. 거실과 부엌에도 있습니다. 언제 어디서든 음악이 듣고 싶을 때 듣기 위함입니다. 아이들 방에 있는 오디오는 썩 좋지 않은 오디오지만, 잠자기 전 아이들은 늘 오디오를 만지작거립니다. 듣고 싶은 음악 CD를 골라서 틀어 놓은 채 잠이 듭니다.

사실 아이 방의 오디오는 몇 번이고 고장이 나서 수리하기도 하고 새로 사기도 했습니다. 수많은 CD는 깨지고 긁혀서 버리기도 했죠. 어떤 때는 아이들이 CD 두 장을 발바닥으로 밟고 스키를 타기도 했습니다. 마음이 무척 아팠죠. 하지만 시간이 약이더군요. 최근에는 오디오를 고친 적이 없습니다. 이제 어떻게 하면 고장이 나지 않는지를 터득한 것이지요. CD 관리에도 제법 요령이 생겨서 긁히지 않게 넣었다 뺐고, 바닥에 잠시 내려놓을 때면 긁히지 않게 앞면을 바닥 쪽으로 놓습니다. 비슷한 음악 장르로 분류해서 정리도 하더군요.

처음부터 오디오를 고장 내지 않고, CD 정리를 잘하며, 좋아하는 음악 장르가 확실한 아이는 없습니다. 오디오가 고장 나도 참고, CD가 깨지면 또 사 주고, 여러 음악 장르를 들려주는 부모님의 인내가 필요할 뿐이죠.

거실에는 핸드벨, 메탈로폰, 실로폰, 멜로디언을 비롯하여 오르프 악기들이 곳곳에 비치되어 있습니다. 친구들이 놀러 오는 날은 이 악기들로 알 수 없는 진귀한 합주가 이어집니다. 악기 소리 때문에 조용히 쉬지 못한 날은 '몰래 악기를 없앨까?' 하는 생각도 합니다. 하지만 한 번 더 인내하게 됩니다. 정말로 음악과 친해지기 위해, 음악을 즐기기 위해 꼭 필요한 과정임을 알기 때문입니다. 비치되어 있는 모든 악기는 아이들에게 따로 연주 방법을 설명하거나 다룰 때 유의사항 같은 것들을 알려주지 않습니다. 자신이 소리 내고 싶은 방법대로 두드리고 문지르며 악기 소리를 탐색하게끔 하기 위함입니다.

부모님이 좋아하는 음악을 수시로 감상하는 것도 좋습니다. 꼭 클래식이 아니어도 괜찮습니다. 아이들은 부모님이 음악을 즐기며 고개를 끄덕이고, 따라 부르고, 몸을 흔드는 모습을 보며 음악이란 정말 우리의 친구임을 느끼게 됩니다.

혹시 부모님께서 악기를 조금이라도 다룰 줄 안다면, 거실에 악기를 놓고 수시로 연습하는 모습을 보여주면 효과적입니다. 연주를 잘하고 못하고는 아이가 음악에 관심을 갖는 데 영향을 미치지 않습니다. 연주 실력보다는 부모님이 악기 연주를 즐기며 하는 것이 훨씬 중요합니다. 때론 아이가 "나도 해봐도 돼요?"라고 물어본다면 혹여나 악기를 떨어뜨릴까, 고장 날까 생각하지 말고 과감히 아이에게 맡겨보는 것이 좋습니다.

저와 함께 대학교 때 음악 동아리를 함께 했던 선배는 취미로 우쿨렐레를 즐겨 연주합니다. 한번은 여섯 살 난 아이가 어깨에 아빠의 우쿨렐레를 둘러메고 신나게 튕기며 로커라도 된 것처럼 거실을 누비더랍니다. 목청껏 노래를 부르는 것도 잊지 않았죠. 불안불안하더니 결국 옷장에 악기가 부딪쳐 몸통이 박살났습니다.

선배는 그 악기가 연주용 우쿨렐레이었기에 가슴이 매우 아팠다고 했습니다. 하지만 아이를 나무라면 음악을 싫어하는 마음을 가질까봐 괜찮다고 다독여줬다고 합니다. 며칠 후 아이에게 선물로 우쿨렐레를 하나 사 줬다는 후일담까지 들려주었습니다. 지금 그 아이는 제법 그럴싸한 우쿨렐레 연주자가 되었지요.

아이의 호기심과 탐구심을 자극하기

몇 십 년 전의 수업과 요즘 수업에서 가장 크게 달라진 점을 꼽아보라고 한다면 저는 자신 있게 요즘 수업은 '질문이 많아졌다'라고 얘기할 것입니다. 여기서 질문은 학생이 교사나 친구에게 하는 질문일 수도 있고, 교사가 학생에게 하는 질문일 수도 있습니다. 예전에는 오늘 배운 주제 중 몇 가지의 내용과 지식을 제대로 이해하였느냐에 초점이 맞춰졌었다면, 요즘은 아이가 오늘 공부 주제에 어떤 점을 궁금해했는지를 더 중요하게 생각합니다.

하지만 안타깝게 아직까지도 음악교육에 있어서만큼은 질문이 강조되지 않는 것 같습니다. 예로부터 음악교육은 '도제교육'과 비슷하다고 생각하기 때문일까요?

아이가 음악을 진정으로 즐기게 만들려면 음악에 호기심을 갖고 탐구하도록 만들어야 합니다. 호기심을 갖게 되면 궁금해지기 마련이고, 궁금해지는 것을 탐구하다 보면 좋아지기 마련입니다.

그렇다면 아이의 호기심을 어떻게 자극할 수 있을까요?

만약 바이올린을 배우고 있다면 '바이올린 활은 왜 이렇게 잡아야 할까?', '다른 방법으로 잡을 순 없을까?', '왜 가운데 구멍 모양은 f 자일까?', '다른 모양이라면 어떤 소리가 날까?', '이 부분은 꼭 3포지션에서 연주해야 할까?', '왜 이 에튀드는 활 위에서 연주하라는 것일까?', '왜 선생님은 자꾸 천천히 연습하라고 할까?', '왜 반주 CD를 맞춰서 연습하는 것이 피아노 반주를 맞춰서 연주하는 것보다 어려울까?'라는 질문을 아이와 함께 계속하면 호기심을 기를 수 있습니다.

연말 음악회에서 합창 교향곡을 감상했다면 '왜 합창 교향곡이라는 이름이 붙었을까?', '베토벤은 어떻게 귀가 들리지 않은 상태에서 합창 교향곡을 작곡할 수 있었을까?', '합창 교향곡은 작곡하는 데 왜 오래 걸렸을까?', '왜 사람들은 올해가 베토벤 탄생 250주년이라고 기념하는 것일까?', '12월에 합창 교향곡이 자주 연주되는 까닭은 무엇일까?'라는 질문을 아이에게 하면 됩니다. 이런 질문을 받은 아이는 '합창 교향곡'에 대해, '베토벤'이라는 작곡가에 대해 호기심을 갖고 탐구할 수 있습니다.

부모님의 따뜻한 관심

음악교육을 시키고 있는 부모님을 관찰하면 관심을 넘어서 간섭을 할 때가 많습니다. 직장에 사사건건 간섭하는 상사가 있다고 생각해보세요. 상사가 싫을뿐더러 회사도 싫어지지 않나요? 아이에게도 지나친 간섭은 음악 자체를 싫어하게 할 수도 있습니다. 또한 부모의 너무 심한 간섭과 통제는 아이의 분노와 불안을 키우는 자양분이 됩니다.

"연습은 다 했니?"보다 "아, 우리 ○○이의 연주 소리가 듣고 싶다."

"이번에 그만두면 끝이다"보다 "언제까지든 응원할게."

"연주에서 몇 등 했니?(연주 잘했니?)"보다 "이번 연주에서 어떤 점이 좋았니?"라는 따뜻한 관심의 말을 건네주세요.

집 주변에 작은 악단이라도 오는 날이면 손을 붙잡고 맛있는 음식을 먹으며 관람하세요. 꼭 음악과 관련된 경험이 아니어도 괜찮습니다. 작은 전시회장, 주변의 미술관, 뮤지컬이나 연극에서 느낀 예술가의 혼은 음악을 배우는 데 도움이 될 뿐 아니라 아이의 개성을 형성하고 창의성을 발휘하게 합니다. 이런 장소에서 부모님과 함께 익힌 예절은 몸에 배어 교양 있는 아이로 자라게 됩니다.

음악 하는 아이가
성공적인 삶을 사는 까닭

22

투자의 귀재 워렌 버핏은 우쿨렐레 사랑으로 유명합니다. 쉬는 날에는 우쿨렐레를 치며 휴식하는 것으로 잘 알려져 있지요. 2008년에는 아들과 함께 콘서트에 출연하여 우쿨렐레를 연주하면서 음악적 재능을 뽐내기도 했습니다. 마이크로소프트의 공동 창업자인 폴 알렌은 기타 연주에 심취해 있다고 잘 알려져 있습니다. 그는 자신이 운영하는 밴드를 갖고 있기도 합니다.

2019년 10월, 《뉴욕타임스》에 한 편의 기사가 실렸습니다. 기사 제목은 "음악이 성공의 열쇠인가?Is Music the Key to Success?"입니다. 이 기사에는 금융, 기술, 미디어 가릴 것 없이 많은 분야에서 최고의 자리를 수성한 사람들은 거의 다 음악인으로서의 삶을 살았다고 나와 있습니다. 이러한 현상은 수학과 음악과의 연관성을 뛰어넘었으며, 그들 스스로도 내가 성공하는 데 음악을 한 경험이 큰 도움을 주었다고 말했습니다.

그렇다면 음악을 경험한 사람 중 성공한 사람이 많은 까닭은 무엇이고, 그들이 인정하는 음악이 삶에 미치는 영향은 어떤 것들이 있을까요?

음악 하는 아이는 감성지능이 높은 삶을 산다

감성지능이란 자신이나 타인의 감정을 인지하는 개인의 능력을 나타내는 용어입니다. 좀 더 쉽게 얘기하면 감정을 잘 살피고 조절하는 능력이라고 할 수 있습니다. Emotional Intelligence를 번역하여 '정서지능'이라고도 일컫습니다.

골먼Daniel Goleman 박사는 1990년대에 학교에서 공부 잘하는 소위 모범생이 왜 사회적으로는 크게 성공과 행복을 성취하지 못할까라는 의문의 답으로, '감성지능' 때문이라고 밝혀 큰 반향을 일으켰습니다. 감성지능은 자신의 생활 속에서 무언가 하고자 하는 의욕을 갖게 하며, 좌절 속에서도 자신의 행동을 꿋꿋하게 실천하는 원동력이 됩니다. 그 후 감성지능은 IQ나 학력보다 성공하는 데 더 중요한 열쇠로 알려져 있습니다.

감성 지능은 1990년대 초, 미국의 심리학자인 J. D. 메이어J. D. Mayer와 P. 샐로비P. Salovey가 학계에 발표한 개념입니다. 그는 뇌 연구를 통해 이성적인 결정이나 문제 해결 작업을 할 때 감정적인 요소가 개입한다고 하였으며, 의사결정과 문제 해결을 담당하는 뇌의 한 부분이 감정과 연관된 뇌의 부분과 함께 작동한다는 것이라고 했습니다. 즉 문제를 해결하거나 성과를 내야 하는 상황에서 언제나 EQ가 함께해야 한다는 것이죠.

그들은 감성지능이 유아기부터 가정에서 좋은 가족 관계를 가지면서 습득될 수 있으며, 학교교육 중 문학이나 예술교육이 부족한 부분을 채우는 첫 번째 근원지first home가 된다고 하였습니다(Salovey & Mayer, 1996: 131; Mayer & Salovey, 1997: 19-20).

그렇다면 왜 음악 하는 아이가 감성지능이 높은 걸까요?

음악은 인간이 느낀 감각, 감정, 정서를 소리라는 예술의 형태로 표현한 것입니다. 따라서 음악을 배운 아이들은 감성지능의 가장 기본이라 할 수 있는 감수성, 정서, 느낌을 다른 사람과 공유할 수 있는 것입니다. 공감능력과도 연계되어 다른 사람의 감정을 잘 파악하고 상대가 원하는 것도 쉽게 읽을 수 있죠. 이런 아이들은 사회 속에서 조화롭게 살 수 있습니다.

또한 음악활동을 하는 동안 수없이 자신의 감정에 대해 인식하고 조절하며 반성합니다. 소그룹이나 대그룹 활동을 할 때에는 자신뿐 아니라 다른 사람의 연주를 들으며 마찬가지의 감정을 반복합니다. 자신도 모르는 사이 이런 트레이닝을 거치며 감정을 살피고 조절하는 능력이 향상되어, 다른 사람의 감정도 잘 느끼게 됩니다.

음악 하는 아이는 사회성이 높다

사람은 혼자 살 수 없습니다. 아리스토텔레스도 '주온 폴리티콘zoon politikon'이라는 말로 인간은 '정치적이고 사회적인 동물'이라고 정의하였습니다. '유재석'의 성공 요인에 대해 동료 개그맨들은 그의 사회성 덕분이라고 입을 모아 말합니다.

초등학교의 시기는 또래 집단과 어울리며 여러 친구들을 사귀면서 사회성이 발달되는 시기입니다. 아이들은 이때 집단의 규범을 배우고 협동, 의사결정, 타인과 나를 객관적으로 보는 방법 등을 알아갑니다.

음악활동은 예술적인 면에서 아름다움을 경험할 뿐 아니라 이미 많은 연구를 통해서 사회성과 대인관계 등에 긍정적인 효과가 있다고 증명되었습니다. 초등학교 1학년부터 중학교 3학년까지 아동 905명을 조사한 결과 음악 활동과 관련하여 네 가지가 사회성 발달에 영향을 미친 것으로 보였습니다(2011. 강현숙. 숙명여자대학교. 아동의 사회성 발달에 미치는 음악선호도 및 음악경험 변이조사).

첫째, 음악을 좋아하는 아이가 사회성이 높습니다. 음악을 좋아하는 아이는 어렸을 때부터 부모님과 함께 음악을 접했을 가능성이 높고, 음악을 좋아한다는 것은 음악을 통해 이미 감정을 공감할 줄 안다는 것이죠.

둘째, 악기를 배운 경험이 있는 아이가 사회성이 높습니다. 악기 종류에는 크게 상관이 없는 것으로 나타났지만 성악과 관현악이 조금 높게 나타났습니다. 악기를 배우는 아이는 배우는 과정에서 레슨 선생님뿐 아니라, 함께 배우는 친구, 부모님들과 의사소통 경험이 많고, 마음과 느낌을 악기로 표현하기 위해 노력하기 때문입니다.

셋째, 교내외 음악활동을 하는 아이가 사회성이 높습니다. 합창, 밴드, 관현악 등 종류는 관계없는 것으로 나타났으나, 오래 활동을 한 아이가 사회성이 높았답니다.

넷째, 음악과 관련된 취미 활동을 하는 아이가 사회성이 높습니다. 일주일에 한 시간 이상 취미를 갖는 아이들에게 의미가 있었으며, 취미 활동을 하는 일련의 과정과, 같은 악기를 하는 아이들 간의 소통에서 사회성이 발달하였습니다.

클래식 용어에 더블링Doubling이라는 말이 있습니다. 특정 선율을 강조하기 위해 다른 성부가 이를 도와주는 것을 말하죠. 주선율을 연주하는 몇 가지 악기를 제외하고 나머지 수많은 악기가 중요한 선율이 더 뚜렷이 들릴 수 있도록 화음을 연주해주는 것입니다. 더블링처럼 아이들은 음악을 통해서 협력, 배려, 어울림을 배우며 사회성을 키워갑니다.

음악 하는 아이는 창조적인 삶을 산다

우리가 잘 알고 있는 20세기 가장 창조적인 천재 아인슈타인은 "상대성이론은 나의 직감에서 나왔고, 그 직감은 바로 음악에서 나왔다"라고 말하였습니다. 음악과 창조성은 어떤 관련이 있고, 왜 음악을 하면 창조적인 삶을 살 수 있을까요?

축음기나 라디오조차 없던 바로크 시대, 고전주의, 낭만주의 시대에 세기를 뛰어넘는 시인, 소설가, 철학가 등의 천재가 많은 까닭은 공연장에서 직접 음악을 들었기 때문이라는 설이 있습니다. 매우 흥미롭지요? 이는 음악회에서 직접 음악을 들으면 공기의 떨림을 통해 전해져 오는 '실질 접촉tangible contact'의 효과가 있기 때문입니다(한국과학창의재단, The Science times, https://www.sciencetimes.co.kr/, 2011.3.4. 조명진).

오케스트라와 같이 현악기와 관악기가 어우러져 화음을 만들어내는 경우, 거대한 소리폭이 실질 접촉을 일으켜 창조성을 자극합니다. 많은 소리의 어울림을 온몸으로 느끼기도 하고 때로는 찰나의 순간에 듣고 싶은 한 가지 소리만 골라서 듣기도 합니다. 마치 멀티태스킹을 하듯이 우리의 뇌는 몇 가지의 자극을 계속 받게 되죠.

음악은 추상적인 개념이나, 사람의 마음을 실제 연주를 통해 보이게끔, 귀로 들리게끔 표현하는 것입니다. 이를 음의 높낮이, 길고 짧은 개념으로 구체화시켜 나타낸 것이 악보입니다. 따라서 악보를 읽고 표현할 때에는 끊임없이 나만의 상상력을 더해야 하죠. 이 과정에서 창조성과 사고력을 자극하는 것입니다. 비발디의 〈사계〉나 베토벤의 〈운명〉을 생각해보세요. 실제 존재하는 물체라고는 할 수 없지만 누군가는 연주하고 누군가는 감상합니다. 음악을 듣거나 연주한다면 꽤 많은(창조적인) 생각을 해야만 합니다.

미셸 루스번스타인의 저서 『생각의 탄생』에서 생각의 본질은 '감각의 지평을 넓히는 것'이라고 설명하며, 13가지 생각의 도구를 제시하였습니다. 관찰, 형상화, 추상화, 패턴인식, 패턴형성, 유추, 몸으로 생각하기, 감정이입, 차원적 사고, 모형 만들기, 놀이, 변형, 통합입니다. 이것들 중 대부분은 음악활동과 관련이 깊습니다.

・ 관찰

예리한 관찰자들은 모든 종류의 감각정보를 활용한다. 음악활동은 '그냥 듣는 것hearing'이 아닌 '주의 깊게 듣는 것listening'으로 시각, 청각, 때론 촉각으로 예리한 관찰을 합니다.

・ 형상화

음악교육을 받은 사람은 '소리로 생각'을 합니다. 끊임없이 형상화를 하는 것이죠. 악기를 배운 사람이라면 소리를 내지 않고 연습하는 것이 어떤 말인지 이해할 것입니다. 마치 운동선수가 머릿속으로 동작을 그리는 것처럼요.

・ 추상화

현실에서 출발하되 사물의 본질을 드러나게 하는 과정입니다. 위에서 말했듯이 음악은 실제 존재하지 않는 추상적인 영역에서 출발하며, 악보는 그것을 단순화한 것이라고 할 수 있습니다.

- **패턴인식, 패턴형성**

클래식을 비롯한 모든 음악에서 패턴은 음악을 완성하는 구조적 요소입니다. 때로는 이 패턴의 경험을 과감한 변형으로 흔들기도 하며 상상력을 자극합니다.

- **감정이입**

배우가 연기할 때 자신이 아닌 타인의 내부에서 연기하듯이, 음악을 연주하는 동안은 그 음악 속에 들어가게 됩니다.

- **놀이, 변형, 통합**

음악을 시작할 때, 배울 때, 표현할 때 관련된 사고를 경험하게 됩니다.

음악 하는 아이는 자기 주도적이고 끈기 있는 삶을 산다

자기 주도 학습은 학습의 전 과정을 스스로 이끌어나가는 것을 의미합니다. 목표, 계획, 과정, 반성의 모든 과정을 학습자가 스스로 실천하는 것이지요. 공부를 잘하는 학생일수록 자기 주도적 학습을 잘 실천합니다. 이르면 초등학교 6학년 즈음부터 완전한 자기 주도 학습을 실천하죠.

악기를 배우는 것은 자기 주도 학습을 미리 연습해보는 것과 같습니다.

- **목표**

이 곡(또는 이 연습곡)을 훌륭하게 연주해보겠다는 목표를 세웁니다.

- **계획**

하루에 몇 분 또는 몇 시간씩 연습을 할지, 어떤 부분을 집중해서 연습할지, 템포는 어느 정도부터 시작해서 어느 정도까지 빨리 연습할지 등의 계획을 세웁니다.

- **과정**

열심히 실천하며 연습 일지를 작성합니다.

- **반성**

처음부터 끝까지 연주를 할 수 있게 된 후에도 계속 마음에 들 때까지 다듬으며, 때론 부모님이나 선생님께 들려주고 느낌을 물어보기도 합니다.

물론 처음에 악기를 배울 때부터 이런 과정을 아이가 실천한다는 것은 아닙니다. 하지만 훌륭한 연주를 하겠다는 욕심이 생긴 다음부터는 스스로 이 과정을 반복하게 됩니다. 또한 이런 과정을 거치며 근성과 끈기를 갖게 됩니다. 처음 악기를 배울 때 30분을 앉아 있기 힘들어

하던 아이가 시간이 지날수록 한 시간 또는 그 이상 연습하는 모습을 보게 될 것입니다. 연주 무대가 있거나 대회가 있어서 자신의 연주를 선보일 상황이 되면 더욱 연습에 매진하죠. 악기를 배울 때 경험한 끈기는 앞으로 아이가 어떤 일에 몰두할 때 콘크리트같이 탄탄한 기초가 됩니다.

악기를 오래 배운 아이들은 자신만의 특별한 루틴이 있습니다. 연습하거나 연주하는 데 도움이 되는 자신만의 비법이 있는 겁니다. 심호흡을 하기도 하고, 머릿속으로 주문을 외우기도 하며, 의자에 걸터앉았다가 살짝 다시 일어서기도 합니다. 또 자기가 내고 싶은 소리에 따라서 활 잡는 방법, 악기의 위치, 마우스피스를 무는 방법(앙부쉬어) 등을 변형하기도 합니다. 자신만의 연습, 연주법을 찾아 루틴을 발견한 아이들은 공부법을 찾을 때에도, 어떤 문제 상황에 부딪힐 때에도 자신만의 방법으로 해결하기 위해 스스로 노력하는 삶을 살게 됩니다.

음악을 즐기는 우리 아이, 학교생활이 달라진다

23

헨리는 슈퍼주니어 출신의 가수로 잘생기고 훈훈한 외모를 가지고 있습니다. 다수의 예능에 출연하여 보여준 해맑고 천진난만한 모습은 많은 시청자들에게 큰 호감을 불러일으켰습니다.

헨리가 본격적으로 국민 엄친아가 된 것은 그의 평소 이미지와 다르게 매우 진지하고 숙연한 모습으로 바이올린을 연주하는 모습이 방영된 이후입니다. 연주 실력 또한 프로에 버금갔습니다. 헨리의 바이올린 실력에 대해 누리꾼들 사이에 논란이 된 적이 있었지만 어쨌든 연예인 스케줄을 소화하며 〈차르다시〉를 연주한다는 것은 굉장한 실력입니다. 그는 바이올린뿐 아니라 피아노 연주와 작곡 실력까지 겸비하였죠.

제가 어렸을 때만 하더라도 공부를 잘하는 아이의 특기는 공부였습니다. 예체능을 잘하는 학생의 특기는 예체능이었지요. 하지만 요즘은 공부를 잘하는 아이가 운동도 잘하고 미술도 잘하는 경우가 많습니다. 이런 아이들은 학교에서 인기가 많고 리더십도 갖추고 있습니다.

음악 하는 아이가 학교생활에 인기가 높은 까닭

악기를 연주하는 아이는 학교생활에서 인기가 높습니다. 부모님들도 학창시절 무대에서 멋지게 악기를 연주하는 친구를 지켜보던 기억이 있으실 겁니다. 저도 중학교 때 같은 반이었지만 몇 번 대화를 못해볼 정도로 조용했던 친구가 학예회 때 베토벤의 피아노소나타 14번(월광) 3악장을 연주하는 모습을 보고 매우 충격을 받았던 적이 있었습니다. 그 충격은 호감과 동경으로 바뀌었지요.

저의 호감과 동경은 후광효과와 의외성 때문입니다.

음악을 잘하는 학생은 학교생활에서 '후광효과Halo effect'로 인해 인기가 높습니다. 후광효과란 일반적으로 어떤 사람에 대해 평가할 때, 그 일부의 긍정적 특성(음악이나 악기)에 주목해 전체적인 평가에 영향을 주어 대상에 대한 비 객관적인 판단을 하게 되는 인간의 심리적 특성을 일컫는 심리학 용어입니다. 음악을 잘하는 학생은 성격도 좋고 지적이며 센스도 좋을 것이라 생각하는 것입니다. 친구들은 이런 친구들을 가까이 두고 싶어 하지요. 사람은 본능적으로 평가가 좋은 사람을 곁에 두고 싶어 하기 때문입니다.

'의외성'은 사람을 더욱 매력적이게 합니다. 의외성이란 우리의 추측기제가 실패했다는 의미입니다. 하지만 그런 실패를 유도한 대상에는 왠지 모를 관심이(호감인지 비호감인지는 관심을 끈 그 대상의 다음 행보에 의해 결정되지만) 갑니다. 예를 들어 'not A but A?'라는 문구를 여러분이 본다면 어떤 반응을 보이실 건가요?

"not A but B가 아니라 not A but A라고?"

당신에게 익숙한 영어 구문인 'not A but B'를 상상하며 읽은 당신의 눈, 구체적으로는 당신의 뇌에 자리 잡은 '도식schema'이 깨졌습니다. 추측기제가 실패되어 상당한 관심을 보이고 기억 속에 오래가게 되죠(『브랜딩 임계 지식사전』, 유니타스브랜드편집부). 함께 교실에서 지내던 친구가 무대에서 악기를 연주하는 모습은 이런 효과가 있습니다. 평상시 보지 못했던 의외의 모습이 그 친구를 더욱 매력적으로 만들지요.

이를 증명하듯이 제가 근무했던 한 학교에서는 근무하는 4년 동안 8명의 전교 회장이 모두 악기를 연주하는 학생들로 당선된 적이 있습니다. 연주하는 악기의 종류도 다양했지요. 바이올린, 첼로, 가야금, 비올라, 클라리넷 등이었습니다. 아마도 악기를 연주하는 학생이 4년 내내 당선되었다는 사실은 당시 근무했던 선생님뿐 아니라 학생, 학부모님들도 몰랐을 것입니다. 하지만 아무도 모르는 사이에 악기의 후광 효과와 의외성이 잘 발휘되었던 것이지요.

오케스트라 활동은
아이의 학교생활을 달라지게 합니다

학교의 오케스트라를 비롯한 작은 규모의 앙상블, 음악 동아리(밴드, 합주부, 합창부, 국악부) 활동은 우리 아이의 학교생활을 달라지게 합니다.

아이들이 오케스트라 생활을 하면서 겪는 변화는 실로 놀랍습니다. 수업 시간에 집중을 못하고 계속 떠들던 아이도 오케스트라 합주 시간에는 조용히 악보를 보며 자신의 연주 순서를 기다립니다. 친구와 잘 어울리지 못하는 아이들도 오케스트라에서는 많은 이야기를 나눕니다. 자신만 알던 이기적인 아이들도 오케스트라 안에서는 친구의 소리를 들어주고, 무거운 악기를 들어주곤 합니다.

이러한 변화는 오케스트라 활동이 단순한 합주와 연주 실력 향상에만 영향을 미치는 게 아니라 학생의 전인적 성장에 영향을 줌을 뜻합니다.

오케스트라 활동을 하면 강한 책임감도 배우게 됩니다. 자신이 연습을 하지 않거나, 악보를 미리 보고 오지 않으면 원만한 합주가 어렵기 때문입니다. 한 학부모님은 아이가 자신이 맡은 파트 연습을 못했다며, 합주가 있는 날 연습을 해야 하니 아침 일찍 깨워달라고 해서 깜짝 놀랐다고 말했습니다.

다른 친구의 연주를 하는 동안 차분히 자신의 차례를 기다리며 참을성도 기르고, 합주 중 자신의 소리 크기와 다른 친구의 소리 크기를 비교하며 조화를 배우기도 하죠. 아름다운 합주의 선율을 느끼며 감수성도 향상될 수 있습니다. 이 모든 것은 사람이 사는 데 필요한 덕목입니다. 자신을 음악으로 표현하는 가운데 다른 사람을 배려하고 기다릴 줄 아는 사회성을 배우는 것이지요. 또한 무대에 오르며 쌓여가는 경험은 자신감을 키우고 끼를 발산할 수 있게 합니다.

최근 학교에 1인 1악기 활동이 정착됨에 따라, 오케스트라를 비롯한 음악 동아리가 늘어나고 있습니다. 교육적으로 매우 바람직한 일입니다. 이 시기를 놓치면 위와 같은 의미 있는 경험을 할 기회가 없을 수도 있습니다. 주변을 둘러보세요. 혹시 우리 아이에게 어울리는 음악 동아리가 있나요? 요즘은 소규모 시지역까지 지역 청소년 오케스트라, 청소년 밴드, 어린이 합창단 등이 활성화되어 있답니다.

학교 봉사활동에도 음악을 하는 친구들이 앞장섭니다

요즘은 재능기부나 나눔이라는 말을 많이 사용합니다. 꼭 물질이 아니어도 내가 가지고 있는 재능과 기능을 나누어 줄 수 있습니다. 이 역시 물질을 기부하는 것만큼 의미 있고 보람된 일입니다.

얼마 전 5, 6학년 학생들과 함께 면 지역 노인회관에 봉사활동을 다녀왔습니다. 학생들이 정성스레 담근 김장 김치를 전달하는 행사였지만, 역시 어르신들의 관심은 학생들의 공연에 있었습니다. 우리가 준비한 공연은 오카리나 5중주, 우쿨렐레 연주, 사물놀이 공연이었습니다. 어르신들께서 공연이 끝난 후 우레와 같은 박수와 환호성을 보내주셨습니다. 학교로 돌아오는 길에 연주한 학생들은 보람으로 가득 찬 얼굴이었습니다.

전에 근무하던 학교에서는 지역에 요양병원이 있었습니다. 한 학기에 한 번씩 반 학생들과 방문을 했습니다. 한 번은 6학년 학생들과 〈고향의 봄〉을 아코디언으로 연주하였는데, 구석에 계신 아주머니 한 분이 연주를 듣고 눈물을 흘리던 모습이 지금도 잊히지 않습니다.

이렇듯 아이들이 학교생활을 하다 보면 마을회관, 병원, 지역의 사회복지 시설 등 다양한 장소에서 봉사활동에 참여할 기회가 있는데, 음악을 하는 친구들은 연주활동으로 앞장서게 됩니다.

왠지 봉사활동 장소에서 연주를 하면 그 소리가 더 따뜻하고 아름답게 느껴집니다. 아이들의 마음이 소리로 전달되나 봅니다. 더불어 살아가는 법도 배우고 무대 경험도 할 수 있으니 일석이조입니다.

봉사활동이 아니어도 학교에는 크고 작은 행사들이 많습니다. 학예회, 체육대회, 졸업식 등 학교 행사에 앞장서는 친구들 역시 음악을 하는 친구들입니다. 이 친구들은 중요한 학교 행사 무대에 올라 강한 책임감과 소속감을 가지며, 협동 정신과 리더십을 쌓아갑니다.

자율중학교나 특성화 중학교에 진학하는 6학년 학생 중에는 음악으로 봉사활동을 한 내용과 학교행사에 참여한 자신의 경험을 잘 녹여서 자기소개서를 작성하는 친구들이 많습니다. 자율중학교, 특성화 중학교의 자기소개서에는 지원동기, 자기 주도적으로 학습한 내용(학업 관련), 학교생활에서 인상 깊었던 점, 봉사활동이나 본인이 실천한 인성 관련 경험 등을 기술해야 하는데, 봉사연주 경험을 통해 생생하게 전달하는 학교생활 이야기는 누가 읽어도 진심으로 느껴질 수밖에 없습니다.

24

어렸을 때 내가 만약 그 악기를 배웠더라면

이 책을 읽는 독자 분들도 한번쯤 이런 생각을 해보셨을 것입니다.

'어렸을 때 내가 만약 (가정형편이 좋아서, 악기에 관심이 있어서, 부모님의 권유대로, 동네에 있는 피아노 학원에서) 악기를 배웠더라면……. 지금 어떤 삶을 살고 있을까?'

취미로 아마추어 오케스트라 활동을 하지 않을까? 직장 내에 있는 밴드에서 직장 동료들과 공연을 준비하지 않을까? 아이에게 내가 악기를 직접 가르쳐줄 수 있지 않을까? 가족이나 친구 축하자리에서 멋지게 한 곡 연주할 수 있지 않을까? 가족 음악단을 만들어 학교 가족 예술제에서 발표하지 않았을까? 더 멋진 배우자를 만날 수 있지 않았을까?

성인 남녀 3,504명을 대상으로 한 설문에서 '죽기 전 꼭 해보고 싶은 버킷 리스트' 중 '악기 배우기'는 무려 34.4%를 차지했습니다. 악기를 현재 취미로 하는 사람 중 대다수는 버킷 리스트에 넣지 않았을 테니, 상당히 높은 비율이라고 할 수 있습니다(사람인[www.saramin.co.kr] 설문조사 결과, 2015).

한 중년 남성의 고백

1994년 선풍적인 색소폰 열풍을 불게 한 드라마를 기억하시나요? 아마 초등학생 이상의 자녀를 둔 학부모라면 대부분 아실 것 같습니다.

〈사랑을 그대 품 안에〉입니다. 드라마 속 커플이었던 차인표와 신애라 배우가 실제 결혼에 골인해 더 화제가 되었죠. 차인표가 색소폰을 연주한 장면이 방영된 이후 몇 달 동안 악기사에 색소폰이 동이 날 정도로 그때의 열풍은 대단했습니다.

저는 실제 색소폰 학원에 다닌 적이 있습니다. 당시 24세의 저는 관악기에 대한 호기심과 동경으로 색소폰을 배우기로 결심했습니다. 학원 문을 처음 두드렸을 때, 내부 모습이 아직도 생생합니다. 중후하고 멋진 중년의 어르신들이 연습실이 꽉 찰 정도로 많았고, 휴게실에서는 동그랗게 앉아 차를 마시며 악기와 음악 이야기를 하고 계셨죠.

학원을 서너 달 즈음 다녔을 때 그분들의 연배에 비해 저는 한참 어렸지만, 음악을 좋아한다는 동질감과 특유의 친화력으로 중년이 대부분인 색소폰 동호회에 입단할 수 있었습니다.

동호회에서 본격적으로 활동을 하면서 두 가지에서 놀랐습니다.

첫 번째는 적지 않은 나이에도 음악을 배우기 위해 진지한 연구와 노력을 한다는 것입니다. 수첩에 코드 스케일을 적어놓고 맥주 한 잔을 마실 때에도 계속 외우고 있는 분도 계셨고, 입술이 부르트도록 연습하는 분도 계셨습니다.

영화 〈샤인〉을 보면 주인공 데이비드 헬프갓이 추운 겨울에 연습하기 위해 장갑 끝을 잘라서 손에 끼우는 장면이 나오는데, 이와 비슷한 장갑을 끼고 영하의 날씨에 연습하는 분도 계셨습니다.

두 번째는 상당히 많은 금액의 돈을 악기에 투자한다는 것입니다. 악기를 시작한 지 몇 달 되지 않은 분들도 '셀마'라는 유명 메이커의 고가 악기를 서슴지 않고 구입하던 것이었죠. 이뿐만 아니라 자신에게 맞는 악기와 마우스피스를 찾으려고 해외 사이트를 뒤지며 사고 팔기도 하고, 서울을 부단히 오가는 모습도 보았습니다. 당시 학생의 신분을 갓 벗어난 저에게는 큰 충격이었습니다. 한 번은 악기와 장비에 투자를 굉장히 많이 하신 분께 여쭤본 적이 있습니다.

"이번에 산 악기는 어떠세요? 저도 소리가 궁금해요. 어울리는 마우스피스는 찾으셨나요? 그런데 이렇게 악기를 자주 사고팔면 돈 많이 들지 않으세요?"

"이번에 산 악기? 참 좋아. 돈은 많이 들지. 근데 하나도 안 아까워. 조금이라도 더 소리가 좋아지면 난 그걸로 만족해. 어렸을 때부터 악기를 배우고 싶었지만 가정형편이 좋지 않아서 배우지 못했지. 늘 음악을 취미로 하던 친구들을 동경했어. 성인이 되어서는 피아노에 관심이 가더라고, 정말 배우고 싶었지. 하지만 아이들을 키우랴, 개인사업한다고 낮밤 없이 일하랴 정신이 없었어. 이제는 조금 여유가 있고, 지금은 이게 내 유일한 친구야."

반려동물, 반려식물, 반려악기

얼마 전 반려동물 인구가 몇 년 안에 1,500만 명에 진입한다는 기사를 보았습니다. 제가 어렸을 때는 '애완동물'이라는 말을 사용했는데 이제는 잘 사용하지 않습니다. 즐거움을 위해 가까이 두고 보살핀다는 뜻보다, 반려자로서 동물을 대하자는 뜻이 지금 시대와 동물을 키우는 분들의 마음에 훨씬 잘 어울리기 때문입니다. 동물에 비해 조금은 손이 덜 가고 조용한 '반려식물'을 키우며 식물에 애정을 듬뿍 주는 분들도 늘어나고 있습니다.

몇 년 전에는 반려악기라는 말이 등장했습니다. 이 말을 처음 들었을 때, '아! 정말 악기와 잘 어울리는 말이다'라고 생각했습니다. 말 그대로 악기는 평생의 동반자며 친구이기 때문입니다. 사람에 따라 다를 순 있겠지만 반려동물과 반려식물처럼 악기도 사람에게 행복, 기쁨, 희열, 위로를 주기도 합니다.

사춘기를 겪을 때에도 악기라는 친구는 큰 힘이 됩니다. 저 역시 질풍노도의 시기인 사춘기를 악기 덕분에 무사히 넘겼습니다. 지금 생각하면 '뭐가 그렇게 짜증나고 힘들었던 걸까?'라는 생각이 듭니다. 하지만 그때는 떨어지는 낙엽에도 세상이 외롭다 느끼고, 모든 대중가사의 가요가 내 이야기 같고, 가족 친구와 함께 있어도 내 마음을 알아주는 사람은 없다고 생각했습니다. 그때 교회에서 친구와 드럼, 기타를 배웠고, 먼지 쌓인 첼로를 꺼내서 연주하며 세상이 주지 못하는 위로를 받았습니다.

'더 테이블'이 실시한 20~60대 성인 남녀 300명 대상 반려악기에 대한 설문조사 결과 '악기를 배우고 싶나요?'라는 질문에 96.1%가 '그렇다'라고 답했습니다.

악기를 배워보고 싶은 까닭으로는

1. 나만의 취미 생활을 즐기고 싶어서.

2. 스트레스를 해소하고 싶어서.

3. 어릴 때 못 배운 게 한이 되어서.

4. 우울증과 치매를 예방하기 위해서.

순으로 나타났습니다.

'반려악기가 인생에 필요하다고 느끼는 이유?'라는 질문에는

1. 정서적 안정을 느낄 수 있어서.

2. 혼자만의 시간을 즐길 수 있어서.

3. 성취감을 얻을 수 있어서.

4. 사람들과의 교류를 위해서.

순으로 나타났고,

'배우고 싶은 악기'는

1위 피아노

2위 기타

3위 드럼

4위 국악기

5위 바이올린

6위 색소폰

7위 첼로

순이었습니다.

(프리미엄조선일보 http://premium.chosun.com/site/data/html_dir/2016/
11/15/2016111501109.html)

조금 재미있는 그래프도 있습니다. 여러 포털사이트 및 블로그에서 수천 개의 댓글과 공감이 된 '남자 취미에 따른 호감도(부제: 내 남자의 취미는?)' 그래프입니다. (정확한 출처는 찾지 못했습니다.) 독자들께서도 호기심 반 농담 반으로 한 번쯤 클릭해본 적이 있을 겁니다. 나름 심혈을 기울여 어떤 조사 결과를 바탕으로 만든 것 같기도 하고, 그냥 유머와 재미를 위해 만든 것 같기도 합니다. 하지만 매우 많은 수의 추천과 공감을 받았으니, 많은 분이 웃으면서 고개를 끄덕이셨을 것 같습니다. 이 그래프에 따르면 남자가 클래식을 감상하고 반려악기를 가지고 있다면 상당히 높은 점수의 취미를 갖는 것입니다.

남자 취미에 따른 호감도
(부제: 내 남자의 취미는?)

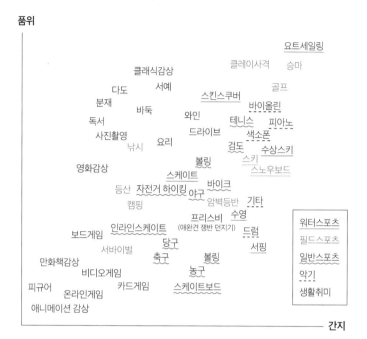

음악은 평생 나를 위해 즐기는 것

요즘은 성인 음악의 전성시대입니다. 예전에는 음악 학원이 주로 아이들과 학생들을 위해 존재했지만, 이제는 오로지 성인만을 대상으로 하는 음악학원도 생기고 있습니다. 문을 열고 닫는 시간도 오후 5시 부터 11시로 저녁과 밤 시간에 맞춰져 있지요. 기대수명이 100세 시대이니, 나이 40~50 이상이신 분들도 절대 악기를 배우는 데 늦었다고 할 수 없습니다. 최근에 『나는 성인이 되어 다시 피아노를 치기 시작했다』는 책이 인기를 끌기도 했습니다.

왜 이렇게 성인을 위한 음악학원과 음악 책이 인기를 끌고 있는 것일까요? 저는 이 답을 우연히 보게 된 김여진 작가의 인터뷰에서 찾았습니다. 그녀는 "나를 잃어가는 삶에 지친 어느 날 피아노를 만났다. 나를 위해서 피아노를 배운다"라는 말을 하였습니다. 성인이 되어 패밀리레스토랑에서 음식 주문받는 법을 배웠고, 스타벅스에 입사해서 커피 제조법을 배웠으나, 아무런 대가를 바라지 않고 나를 위해 피아노를 배웠을 때 이전보다 나은 삶을 산다는 것을 느꼈다고 합니다. 그렇습니다. 성인이 되어 음악을 찾는 까닭은 일상생활에서 느낄 수 없는 삶의 기쁨을 음악이 찾아주었기 때문입니다. 음악은 평생 나를 위해 즐길 수 있는 것입니다.

대학생들도 음악에 대해 비슷한 생각을 하는 것 같습니다. 인기 MBC 프로그램인 〈공부가 뭐니〉에서 카이스트 대학생들은 류지영 박사의 질문에 이렇게 대답했습니다.

"엄마 말 듣길 잘했다 싶은 게 뭐니?"

"어렸을 때 악기를 배운 거요."

만약 아이가 이다음에 커서 비슷한 대답을 한다면 그동안 음악교육을 위한 부모님의 노력과 헌신은 값진 것이겠지요.

우리 아이에게 어른이 되어서 '내가 어렸을 때 만약……'이라는 후회보다 평생 나를 위해 즐길 수 있는 반려악기를 선물해주는 것은 어떠신가요?

음악을 배운 아이 커서 무얼 할까

25

아버지께서 고등학교 때 관악 밴드부 생활을 했다는 것을 성인이 되어 알았습니다. 그동안 감추셨던 걸까요? 속마음은 잘 모르겠습니다만, 아버지께서는 고등학교 시절 밴드부에서 클라리넷을 잠시 배웠다고 하셨습니다. 학년이 올라가며 악기를 구입해야 하는데, 할아버지께서 음악을 하면 먹고살기 힘들다고 하시며 당장 그만두라고 하셨답니다. 악기를 사 주지 않아서 어쩔 수 없이 밴드부에서 나오게 되었다는 슬픈 전설 같은 이야기였지요.

아무래도 그 시절은 '악기를 배우는 사람=직업으로 연주를 할 사람'이라는 생각과, '직업으로 연주를 하는 사람=먹고살기 힘든 사람'이라는 인식이 짙은 시절이었습니다. 지금도 연세가 좀 있으신 분 중에는, 열심히 악기를 연습하고 있는 아이들을 보시며 "음악을 하면 배고

프다"라는 말씀을 하시는 분들이 있습니다.

음악 하는 사람은 어떤 직업을 가질까?

'음악은 이제 배고픈 직업이 아니다'라고 확신 있게 말씀드릴 순 없습니다. 하지만 우리나라를 비롯한 세계 여러 나라에서 음악활동을 하는 사람의 처우가 개선되고, 파생되는 직업이 다양화되고 있으며 음악으로 큰돈을 벌고 있는 사람이 많다는 것은 사실입니다.

유럽과 미국의 교향악단의 평균 연봉은 1억이 넘는 것으로 알려져 있습니다. 우리나라의 경우는 그 정도에는 못 미치지만, 서울시향을 시작으로 연주가들의 연봉이 많이 인상되고 있습니다. 규모, 지역, 특성에 따라 차이는 있지만 일반적으로 시향, 또는 국악원 등에 소속된 연주가들은 공무원에 준하는 월급을 받는 것으로 알려져 있습니다. 하지만 근무 시간이 적고, 남는 시간은 개인 연습시간, 개별 연주활동, 후학 양성 등 비교적 자유롭게 시간을 활용하는 점에서 처우는 비교적 더 좋다고 할 수 있습니다.

자녀교육 전문가로 활동하고 있는 가수 '이적'의 어머니 '박혜란'은 세 아들을 모두 서울대에 보냈습니다. 첫째는 건축가 겸 교수, 둘째는 가수 이적, 셋째는 MBC 드라마 PD 인데, 둘째 아들이 음악 저작권료로 가장 많은 돈을 번다고 했습니다. 가수를 한다고 했을 때 이렇게 돈을 많이 벌지 몰랐다는 말도 덧붙였습니다.

이처럼 음악가들은 연주활동을 통한 공연, 음원, 음반 수입과 저작권료 수입을 통해 경제 활동을 합니다. 싱어송라이터 장범준에게는 '벚꽃 연금'이라는 수식어도 있습니다.

연주가와 작곡가 외에도 다양한 음악관련 직업들이 있습니다. 앞으로도 공연, 음반, 광고, 영화, 배급 및 유통, 출판, 매니지먼트 등 음악 시장은 계속 성장할 것이며, 그에 따라 세분화되고 전문성이 요구되는 음악관련 직업들이 생길 것입니다. 현재 각광받는 몇 가지 음악 관련 직업들을 소개해드리겠습니다.

• 음악치료사

한국에는 1990년대에 도입되었으며, 음악으로 몸과 마음의 병을 치료하거나 치료에 도움을 주는 직업입니다. 음악과 관련된 깊이 있는 이해와 심리학에 대한 학문적 지식을 갖춰야 하는데, 이미 외국에서는 오래전부터 수입이 높고 미래에 전망 있는 직업으로 주목받고 있습니다.

• 음악교사

음악교사는 학교의 음악교사, 방과후 프로그램의 음악 강사, 음악 전문 학원, 아카데미, 코치를 모두 일컫습니다. 음악 산업에서 규모가 가장 큽니다.

• 음악 연출자(프로듀서)

텔레비전 프로그램, 무대, 공연 등에서 음악과 관련된 모든 것을 기획, 제작하는 과정을 이끄는 직업입니다.

• 악기제작자

피아노, 바이올린 등의 악기를 직접 제조하거나 수리하는 직업입니다. 악기제작자로 활동하는 사람은 대부분 어렸을 때부터 음악을 접했으며, 뛰어난 청력과 음악적 감각, 손재주와 공감감각을 겸비하고 있습니다. 자신의 이름으로 악기 가게나 공방을 열어서 활동하고, 악기 제작 콩쿠르에 출전하여 자신의 브랜드를 높이기도 합니다.

• 음악 DJ

크고 작은 방송국의 클래식 전문방송 DJ. 목소리가 좋아야 할 뿐 아니라 음악에 대한 해박한 전문지식과 교양이 필요합니다. 기초적인 영어, 독어, 이태리어 등을 구사하면 더욱 좋습니다.

• 음향기사(음향 엔지니어)

음향기사는 텔레비전, 라디오, 기타 미디어 등의 음향 효과를 담당하고 연출자의 콘셉트에 맞게 조절합니다. 또한 뮤지컬, 콘서트 등의 라이브 상황에서 이퀄라이저를 조절하여 성공적인 아웃풋이 되도록 합니다. 소리에 대한 예민한 감각과 새로운 기술 변화를 잘 받아들이는 능력이 필요합니다.

- **광고오디오 PD**

말 그대로 광고에 삽입되는 음악, 목소리, 효과음을 모두 연출합니다. 광고는 시각적인 효과만큼 청각적인 효과도 중요하기 때문에 점점 광고오디오 PD의 필요도가 높아지고 있습니다.

- **폴리아티스트(Foley Artist)**

영화 〈봄날은 간다〉의 유지태를 상상하면 될 것 같습니다. 영화 속에서 사람의 대사와 배경음악을 제외한 모든 효과음을 만드는 직업입니다. 앞으로 미디어 콘텐츠 사업이 커질수록 주목받는 직업이 될 것입니다.

상당수의 직업이 음악과 관련되어 있습니다

상당수의 직업군이 음악과 관련 있다는 말씀을 드리는 까닭은 간접적으로 음악과 연관되어 있는 직업이 많기 때문입니다. 이 글을 쓰고 있는 필자도 초등학교 교사이지만 음악과 매우 관련이 깊은 직업입니다. 한 주에 두 시간씩 음악 수업을 직접 해야 하고, 때로는 방과후 음악부서 지도를 하거나 음악 동아리의 지도교사를 맡기도 합니다. 학습발표회나 학생오케스트라 공연이 있을 때는 지휘를 합니다.

유튜브 크리에이터는 영상을 만들 때마다 영상 콘텐츠만큼 고민하는 것이 배경음악과 효과음입니다. 방송계에서 일하는 음향 엔지니어

뿐 아니라 감독, PD 모두 음악에 대해 잘 알고 적재적소에서 음악을 활용해야 합니다. 현대무용, 고전무용, 발레, 댄서는 음악을 듣고 느끼며 몸으로 표현을 합니다. 심리치료사는 음악으로 치료를 합니다. 컨설턴트, 강연가, 홍보가도 음악을 잘 활용하며 듣는 이의 마음에 공감을 불러일으켜야 하는 직업입니다.

얼핏 보기엔 음악과 관련 없는 직업일지라도 음악을 좋아하고 잘하는 경우 직종이 확장되거나 세분화되기도 합니다. 작가의 경우 자신이 평소 관심 있고 잘 알고 있는 음악이나 악기에 기발한 상상력을 더해 픽션으로 책 한 권을 쓸 수 있습니다. 음악평론가로 활동할 수도 있습니다. 기자의 경우 처음엔 공채로 입사했다가 음악에 박식한 지식으로 음악전문 기자가 될 수 있습니다. 법률 관련 일을 한다면 음악을 발단으로 미묘하고 복잡하게 얽혀 있는 법적 문제를 해결하거나, 저작권에 대한 전문 법률가로 활동할 수도 있습니다.

미래에 음악 관련 직업은 등한시된다?

몇 년 전부터 교육·산업·경제 분야에 '광풍'이다시피 강조되는 것이 있습니다. 바로 '4차 산업혁명'입니다. 4차 산업혁명은 정보통신기술(ICT)의 융합으로 이루어지는 차세대 산업혁명으로 실제(사물)와 가상(AI)이 통합되어 삶을 사는 시대라고도 할 수 있습니다. 우리 아이들은 앞으로 4차 산업혁명 시대, 유전자 조작과 변형도 가능한 시대를 살아갈 것입니다.

하지만 기술과학의 시대가 도래하고 사람이 등한시될수록 인간의 본질에 대한 학문인 인문학, 철학, 예술교육의 가치는 높아지고 중요해집니다. 또 선진국에 가까워지고 근로시간이 축소될수록, 먹고사는 문제가 해결될수록 예술교육에 대한 관심은 깊어집니다.

실제로 미국의 미래학자 마틴 포드Martin Ford는 그의 저서『로봇의 부상Rise of the Robots』에서 예술가나 과학자처럼 창의성이 요구되는 직업은 자동화되기 어렵다고 하였습니다.

한국고용정보원이 최근에 내놓은 연구 보고서에는 미래사회의 직업과 관련된 매우 흥미로운 내용들이 있습니다. 이 보고서에서 이미 음악 분야의 전문가들은 '로봇이 대중의 흐름을 읽고 좋아하는 음악을 만들 수 있을까?', '사람들은 기계가 만든 음악을 좋아할까, 아니면 사람이 만든 음악을 좋아할까?', '인공지능이 자의식 없이 어떤 식으로 인간에게 감동을 줄 수 있을까?' 등의 고민을 하고 있었습니다(『2030 미래 직업세계연구 II』, 2016).

이에 대한 답변으로 전문가들은, 만약 인공지능이 음악 분야에서 활동하는 시대가 온다면 '나는 인공지능 가수나 작곡가가 만든 잘 팔리는 음악보다 내가 좋아하는 음악을 만들 것이다(그러면 사람들은 결국 내가 좋아하는 음악을 좋아할 것이다)', '인공지능이 더욱 발전할수록 오히려 (더 인간적인) 나의 모습을 찾기 위해 노력할 것이다', '이 세상에서 단 하나만 존재할 것 같은 작품을 만들겠다', '인공지능과 경쟁하지 않고, 예술을 위한 예술, 예술 본연의 모습을 찾는 과정에 몰입하겠다'라고 밝혀, 역시 인공지능이 발달되고 과학기술이 발전될수록 더 인간적인 모습으로 회귀하는 모습을 보였습니다.

연구 결과 미래에 대체 확률이 낮은 직업으로

1위 화가 및 조각가

2위 사진작가 및 사진사

3위 작가 및 관련 전문가

4위 지휘자, 작곡자, 연주가

5위 애니메이터 및 만화가

6위 무용가 및 안무가

7위 가수 및 성악가

8위 메이크업아티스트 및 분장사

9위 공예원

10위 예능강사

11위 패션디자이너

12위 국악 및 전통 예능인

이 선정되어, 1위~12위 중 4위 지휘자, 작곡자, 연주자, 6위 무용가 및 안무가, 7위 가수 및 성악가, 10위 예능강사, 12위 국악 및 전통 예능인 등 무려 5개의 직업군이 음악과 직·간접적으로 관련 있는 직업으로 나타났습니다. 따라서 앞으로도 음악 관련 직업은 쉽게 사라지지 않을 것입니다.

설사 기술이 엄청나게 발전하여 로봇이 바이올린을 어깨와 목에 걸치고, 오른손과 손가락으로는 릴렉스하게 활을 잡고, 왼손으로는 바이올린을 부드럽게 감싸 안은 상태에서 1포지션과 3포지션을 자유롭게 왔다 갔다 하면서 음정을 정확하게 잡고 연주한다 해도, 사람의 감정과 표현력을 가질 수 없기에 사람들은 계속 악기를 직접 연주하고 감상할 것입니다. 마음속의 깊은 울림을 악기나 목소리로 표현하는 것, 그것이 바로 음악이기 때문입니다.

음악을 어렸을 때부터 직업으로 결정하면 안 됩니다

초등학교 3~4학년밖에 되지 않은 아이의 부모님 중에서 우리 아이는 음악을 전공할 것이라고 말씀하시는 분들을 보았습니다. '과연 아이도 동의한 걸까?'라는 생각이 들었습니다.

실제로 음악가들에게 전공을 언제쯤 결정하면 적절한 시기인지 질문을 했을 때, 언제가 좋다고 대답을 콕 집어서 하는 분은 없었습니다. 하지만 대략 초등학교 5~6학년 정도면 '이 아이는 전공을 하면 좋겠다'는 느낌은 온다고 합니다. 아직 5~6학년도 어린 초등학생일 뿐입니다. 아이들에게 전공이란 말은 즐기며 해야 하는 음악활동에 상당한 부담을 느끼게 하는 말입니다.

악기가 좋아서 연습하던 아이들도 '음악을 전공'한다는 부모님의 선포 이후로는 고달픈 수행의 과정이 되는 경우가 많습니다. 레슨 시간이 늘어남에 따라 연습 시간도 덩달아 늘어납니다. 레슨 선생님도 전공을 한다는 말을 들으면 좀 더 욕심을 내어 매섭게 가르치게 됩니다. 정들었던 레슨 선생님을 떠나 먼 곳으로 배우러 다니는 경우도 생깁니다. 예중이나 예고에 진학하기 위해 1년간 콩쿠르 참가 계획을 정하고 입상 목표를 세우죠. 엄마와 아이는 연습 시간을 놓고 전쟁을 시작합니다.

유명 콩쿠르에서 다수 입상, 지역 오케스트라와 협연, 실내 및 야외 독주회 개최. 지인의 초등학교 5학년 자녀의 이야기입니다. 초등학교 3학년 때부터 피아노 전공을 결심하여 상당한 결실을 맺고 있습니다. 저는 이 아이가 틀림없이 훌륭한 피아니스트가 될 것이라고 믿어 의심치 않지만, 현재 이 아이는 피아노를 잠시 쉬고 있습니다.

예원 중학교 입학을 목표로 설정한 후, 무리한 연습과 대회 참가로 지친 상태에서 야외 독주회까지 개최한 것이 독이 되었습니다. 독주회가 끝나고 아이는 부모님께 피아노를 그만두겠다고 선언하였죠. 간혹 예중, 예고, 심지어 음악대학교에 가서 악기를 그만두기도 합니다.

음악을 전공시키려는 부모님의 마음처럼 아이가 어렸을 때부터 악기 연습을 즐기며 예중, 예고, 유명 대학까지 척척 가면 좋겠지만, 지금 아이는 그냥 음악이 좋고 연습할 때 행복할 뿐일 수도 있습니다.

조금 전공을 늦게 결정하더라도 괜찮습니다. '예술은 길고 인생은 짧다'라는 말이 있는데, 인생은 길고 예술도 깁니다. 20세이면 10여 년, 30세이면 20여 년, 50세이면 40여 년을 악기와 함께하는 것입니다.

"악기 그만 배울래요"라고 말하는 우리 아이 대처법

26

"아빠, 저 요즘 첼로 하는 게 너무 힘들어요."

"응, 그렇구나. 혹시 첼로라는 악기가 싫은 거니?"

"아니요."

"그럼, 음악 자체가 싫은 거니?"

"아니요. 그냥 좀 힘들어서 쉬고 싶어요."

"그래, 잘 알았다. 엄마랑 상의해볼게."

(몇 분 후)

"당분간 악기를 쉬고, 다시 첼로가 하고 싶어지면 언제든지 얘기하렴!"

몇 주 전, 딸과 저의 대화 내용입니다. 딸은 첼로를 배운 지 3년 되었습니다. 3년 동안 진지하게 힘들다고 얘기한 적이 몇 번 있습니다.

1년 전쯤에도 잠시 쉬었던 적이 있지요. 이번에는 아내와 상의하고 결정하는 데 불과 몇 분도 걸리지 않았습니다. 이번에도 처방은 '쉬는 것'이었습니다.

다른 부모님들과 이야기를 하다 보면 악기를 배우다 멈추는 문제를 어떻게 이렇게 쉽게 결정할 수 있는지 궁금해 하시며 그동안 해왔던 노력과 비용이 아깝지 않느냐고 말씀하는 분들이 있습니다. 물론 이런 결정을 할 때 저 역시 많이 아쉽고 속이 상합니다. 특히 꾸준한 연습의 중요성과 오랫동안 쉬게 되었을 때 연주 실력에 미치는 영향을 잘 알기에 더욱 그렇죠.

하지만 아내와 제가 이렇게 선뜻 결정할 수 있었던 까닭은 어린아이들은 음악을 즐기면서 해야 한다고 생각하기 때문입니다. 또 음악을 싫어하지만 않는다면 언젠가 다시 음악이라는 친구를 찾아 돌아올 걸 알기 때문입니다.

아이마다 다르지만 악기를 배우다 찾아오는 일반적인 몇 번의 고비를 짚어보겠습니다.

악기를 배운 지 2~3개월이 되었을 때
첫 번째 고비가 찾아온다

음악교육을 시키고 있는 부모님이라면 처음 시작 3개월을 잘 넘겨야 합니다. 아이가 악기를 시작하고 약 3개월 내에 "악기 배우는 게 너무 힘들어요"라는 말을 들을 확률이 높습니다. 이는 매우 당연하고 정상적인 반응이며, 아이가 제대로 음악교육을 받고 있다는 말입니다.

악기를 처음 배울 때는 악기 자체에 대한 호기심과 소리를 내는 과정의 탐구심으로 가득합니다. 지루할 틈이 없지요. 또 레슨 선생님도 이 시기에는 진도와 실력 향상에 무게를 두지 않으며, 악기를 연주하는 데 필요한 정석적인 자세를 요구하지도 않습니다.

하지만 2~3개월 정도 되면 본격적인 연습이 시작됩니다. 연습이란 메커니즘은 자유스러운 아이들의 성향과는 반대로 규칙적이고 절제됨을 필요로 합니다. 물론 이 과정을 이겨내면 많은 것을 얻습니다. 익숙하지 않은 바른 자세를 잡고 일정한 소리내기까지 하다 보면(현악기라면 천천히 활긋기, 관악기라면 롱톤 연습이 되겠습니다) 대부분의 아이는 악기 배우는 게 참 힘들다는 말을 하게 됩니다.

이 시기를 무사히 넘기기 위해서는 부모님의 관심과 격려가 필요합니다. 아이가 힘들다고 이야기 하면 '지금껏 재미있게 배우더니 왜 갑자기 힘들다고 할까?'라는 의문보다 '이제 우리 아이가 악기를 본격적으로 배우기 시작했구나!'라고 생각하고 많은 격려와 관심을 보내주시기 바랍니다.

"누구에게나 처음 악기를 배우는 것은 힘든 일이란다. 네가 지금까지 해온 것이 자랑스럽고, 이 힘든 시기를 넘어가면 더 멋진 연주를 할 수 있다고 믿는다"고 말해주세요.

악기 배운 지 1년에서 2년 사이,
두 번째 고비가 온다

한참 악기 실력이 쑥쑥 늘고 있는 1년에서 2년 사이에 그만두는 친구들이 정말 많습니다. 오케스트라를 지도하다 보면, "선생님, 드릴 말씀이 있어요" 하고 찾아온 이 시기의 친구들은 십중팔구 악기 배우는 게 힘들어서 그만둔다는 말을 합니다. 조금만 더 다듬으면 멋진 연주를 할 텐데, 정말 안타까운 마음이 많이 들지요.

그만두고 싶다는 아이들을 보면 크게 두 부류입니다. 첫 번째는 친구와 자신을 비교하며 점점 흥미를 잃는 것이고, 두 번째는 정해진 연습량을 소화하기 힘든 것입니다.

전자는 악기를 배워가며 점점 귀가 열리다 보니 친구의 소리와 내 소리를 비교하여 '잘하는 것'과 '못하는 것'을 구별하는 것입니다. 사실 이렇게 소리를 구별하는 것도 능력입니다만, 아이에게는 은근한 스트레스가 됩니다. '왜 저 친구는 나보다 잘하는 걸까?', '왜 저 친구는 소리가 나보다 훨씬 좋은 걸까?'를 생각하면 악기 배우는 게 싫어지기 마련이지요. 사실 다른 친구가 나보다 잘하는 까닭의 90% 이상은 나보다 연습을 많이 하기 때문입니다. 하지만 그것을 깨닫기에는 아직 어렵습니다.

후자는 타의적으로 배정받은 연습 시간이 벅차서 힘들다고 하는 경우입니다. 대부분 부모님들은 아이가 악기를 배운 지 1년쯤 되면 연습량과 연주 기대 수준이 높아집니다. 덩달아 기초적으로 매일 연습해야 할 것(스케일, 활긋기, 롱톤 등)들도 많아지죠. 그러다 보면 아이들과 적어도 몇 십 분, 몇 시간 등 일정 연습 시간을 약속하는 경우가 많습니다. 이 시기에 연습량을 놓고 자녀와 다투는 부모님들은 "연습 시간을 지키지 않으면 네가 좋아하는 책을 볼 수 없어", "연습 안 하면 용돈도 없어!", "연습 다 하고 TV 보도록 해라" 등의 말로 으름장을 놓습니다.

위의 두 경우 모두 아이들이 스스로 자신이 세운 목표에 집중할 수 있도록 하면 배우기 싫은 마음을 극복할 수 있습니다.

• 남과 비교하는 연주가 아니라 → 스스로 세운 연주 목표를 달성하는 것으로

• 부모님이 정해준 시간을 채우는 연습이 아니라 → 스스로 세운 연습 시간을 달성하는 것으로, 연습 방향을 바꿔야 합니다.

아이들은 스스로 세운 계획을 실천하는 것을 좋아합니다. 크건 작건 목표 달성을 했을 때 아이에게 적절한 보상을 하는 것도 좋은 방법입니다. 스스로 세운 목표를 실천하는 연주일지나 연습일지를 작성하면서 악기에 흥미를 다시 찾는 경우도 있습니다.

연주일지를 작성한다면 목표한 곡을 스스로 연주할 수 있을 때 보상해주어야 합니다. 예를 들어서 미뉴에트를 연주하는 것을 목표로 세웠다면, 그 곡을 틀리지 않고 연주했을 때 보상하는 것이지요. 과한 선물보다는 아이가 만족감을 느낄 수 있는 작은 선물이 좋습니다. 예쁜

스티커, 평소 갖고 싶었던 수첩, 음악이나 음표를 상징하는 조각물 등이면 충분합니다. 또한 아이의 연주를 동영상으로 촬영하여 함께 보거나, 유튜브에 올리는 것도 목표를 세운 아이에게 큰 동기부여가 됩니다.

연습일지를 작성한다면 일정 기간 꾸준히 연습일지를 작성했을 때 보상을 해주세요. 이때 연습량은 아이와 반드시 협의하고 정해야 합니다. 예를 들어 매일 30분씩 연습하고 연습 시간을 연습일지에 작성하는 것이지요. 연습일지 작성 대신 스티커를 붙여주는 것도 좋습니다. 아이들은 쌓여가는 스티커를 보며 행복해합니다. 한 달 동안 꾸준히 스티커를 모았다면 적절한 보상을 해주세요.

3년 이상에게도 찾아오는 고비

3년 이상 악기를 연습했다는 것은 대단한 일입니다. 아이들은 악기를 하며 참을성과 집중력도 많이 향상되었을 겁니다. 귀에 익은 연주곡 몇 가지를 외워서 연주하고, 지역에서 열리는 콩쿠르에 참가했을 확률이 높습니다. 이런 아이들에게도 고비는 찾아옵니다. 부모님들은 지금껏 열심히 해온 아이가 갑자기 악기를 그만둔다고 하면 허탈감이 밀려오죠. 이럴 때도 처방은 있기 마련입니다.

먼저 아이의 일정을 확인해봐야 합니다. 혹시 어른도 실행하기 힘든 살인적인 일정이 아닌가요? 학년과 나이가 올라가면서 해야 할 일도 기하급수적으로 늘어납니다. 기초계산, 응용수학, 영어, 한자, 일기쓰기, 독서논술, 각종 스포츠 종목 등 혹시 우리 아이의 일정이 너무 빡빡한 건 아닌지 확인해주세요. 3년 이상 악기를 한 아이들은 늘어나는 일정과 학업에 대한 부담으로 가장 숨통이 크게 트일 것 같은 악기레슨과 연습 시간을 포기하려고 하죠. 우리 아이가 너무 많은 일정을 소화하고 있는 건 아닌지 살펴보세요. 음악을 즐기는 아이로 키우려면 아이가 부담 갖지 않을 정도의 일정이 좋습니다.

다음으로 아이 주변에 같은 악기를 배우는 친구 없이 혼자 배우고 있는지 확인해보세요. 악기에 대한 고민을 나눌 친구 없이 장기간 혼자 악기를 배운다는 것은 지치는 일입니다. 만약 비슷한 또래 중에 같은 악기를 하는 친구가 있다고 해도 실력이 월등히 차이나면 소용없습니다. 같은 악기를 배우고 있고 실력이 비슷하다면 서로 더 잘해야겠다는 경쟁심리가 긍정적인 에너지를 만들기도 하고 힘들 때는 위로가 되기도 합니다.

레슨 선생님께 혹시 제자 중 또래가 있는지 물어보세요. 있다면 비슷한 실력이나 나이의 친구들과 클래스를 만들어달라고 부탁해보세요. 클래스를 만들면 한 달이나 두 달에 한 번씩 만나서 정기적인 모임을 갖는 것이 좋습니다. 만약 클래스 조직이 어려운 상황이라면 집 근처에서 또래 중 비슷한 실력을 가진 친구가 있는지 찾아보세요. 만일 이 역시 여의치 않으면 지역의 오케스트라나 그룹 학원의 문도 두드려보면 찾을 수 있을 겁니다.

음악과 함께할 인생은 깁니다. 딸아이의 악기 선생님이 처음 레슨을 시작할 때 저에게 이런 말을 한 적이 있습니다.

"아버님, 저는 이제 35세이지만, 어느덧 30년 가까이 첼로와 함께 하고 있어요. 앞으로 더 길게 해야겠지요? 음악 하는 많은 친구들을 보면, 일찍 시작해서 일찍 피는 친구, 일찍 시작해서 돌다가 돌다가 늦게 피는 친구, 늦게 시작했어도 활짝 피는 친구들도 있어요. 혹여나 아이가 배우는 과정에서 남들보다 느리다고 조급해하지 말고, 싫다고 그만두고 싶다고 해도 맘 졸이지 마세요."

음악을 사랑하는 아이는 반드시 돌아옵니다.

5부.

동네 피아노 학원 원장님에게는
못 물어보는 음악 이야기

피아노 꼭 배워야 하나요?

27

"선생님, 우리 아이는 시작하기엔 조금 늦은 것 같은데, 지금이라도 피아노를 배우면 좋을까요?"

"지금 아이가 바이올린을 배우고 있는데 피아노도 함께 배우면 도움이 될까요?"

학부모님들과 자녀교육에 대한 이야기를 나누다 보면 '피아노를 꼭 배워야 하는지'에 대한 질문을 받을 때가 종종 있습니다. 그만큼 요즘 부모님들이 자녀 음악교육에 관심이 높아졌기 때문이겠지요. 저는 일단 과감하게 말씀드립니다.

"네. 어머님. 얼른 피아노 시작하세요!"

제가 왜 이렇게 피아노를 자신 있게 추천할까요?

첫 번째로 음악의 기초 기본이 탄탄해집니다. 피아노는 클래식 악기 중 가장 기본을 담당하며 음악 이론의 기초를 쌓을 수 있는 최적의 악기입니다. 피아노를 배우다 보면 악보를 보고 읽는 것뿐만 아니라 리듬, 가락, 화성 진행 등 음악의 여러 기본 요소들을 자연스럽게 습득하게 됩니다. 피아노 악보는 다른 악기의 악보에 비해 더 복잡합니다. 왜냐하면 높은음자리표와 낮은음자리표가 동시에 나오기 때문이지요. 하지만 다른 시각에서 생각해보면 피아노 악보를 읽을 수 있으면 다른 악기 악보는 쉽게 읽을 수 있다는 얘기와 같습니다.

또한 다른 악기를 쉽게 익힐 수 있습니다. 특히 새로운 교육용 악기(리코더, 멜로디언, 칼림바, 리듬 악기 등)를 배우는 수업 장면에서 유독 피아노를 배운 학생들은 집중도나 적극성에서 확연히 차이를 보이는데요. 그 이유는 무엇일까요? 피아노를 통해 음악에 대한 기초가 생겼기 때문입니다. 실제로 아이들은 피아노에서 배운 음계와 리듬 등의 기본 요소를 새로운 악기에 쉽게 적용합니다. 자연스럽게 새로운 악기에 대한 감을 빨리 찾게 되지요. 자신감 있는 모습으로 새로운 악기를 대하는 것. 어찌 보면 피아노를 배운 아이들에겐 당연한 일일지도 모릅니다.

두 번째로 피아노는 다양한 악기의 역할을 경험할 수 있기 때문입니다. '열 손가락에서 울려 퍼지는 오케스트라'라는 말을 들어보신 적이 있으신가요? 단 하나의 악기로 오케스트라와 같은 풍성한 효과를 내기에 생긴 말입니다. 실제로 피아노는 독주, 앙상블부터 반주악기 등 다양한 기능을 가지고 있습니다. 하나의 선율을 감미롭게 연주할 수도 있고 여러 개의 선율을 동시에 연주할 수도 있지요.

7옥타브의 넓은 음역대를 가지고 있기 때문에 피아노 한 대로 친구와 함께 연주할 수도 있습니다. 더불어 다른 악기와 함께 어우러지는 화성의 하모니를 보여줄 수도 있으며, 다른 악기가 돋보이도록 받쳐주는 역할을 할 수도 있습니다. 소리의 어울림을 통해 함께하는 조화로움을 배울 수도 있고 다른 악기의 선율이 돋보이게 반주해줌으로써 배려와 책임감도 배울 수 있답니다.

세 번째로 협응력과 집중력을 키울 수 있습니다.
- 우뇌와 좌뇌를 동시에 사용합니다.
- 계이름을 이해하고 신체에 명령을 내립니다.
- 명령에 따라 열 손가락의 소근육이 동시에 움직입니다.
- 여러 감각기관이 함께 활동합니다. (눈으로는 악보를 봅니다. 귀로는 자신의 연주를 듣습니다 등)

피아노는 위의 내용처럼 뇌와 함께 소근육 및 여러 신체감각을 동시에 움직여야 하는 놀라운 악기입니다. 혹시 평소에 열 개의 손가락 모두 같이 사용하는 일이 많으신가요? 사실 우리가 생활하면서 모든 손가락을 함께 사용하는 경우는 그리 많지 않습니다. 그것도 눈과 귀, 머리가 함께 동시에 쓰이는 경우는 더더욱 찾기 힘들지요. 하지만 피아노는 연주하는 과정만으로도 이 모두를 협응하게 만드는 악기랍니다.

또한 악보를 보면서 계이름과 음표의 길이 등을 이해하며 연주하는 활동은 굉장한 집중력이 요구되는 활동입니다. 장시간 앉아서 연습하는 끈기가 수반된 고도의 집중력이라고 볼 수 있습니다.

악보를 외워서 피아노를 치는 아이들은 어떠할까요? 악보를 외워야 한다는 것은 많은 연습량과 함께 높은 집중력이 있어야 가능한 일입니다. 혹시나 피아노를 배우게 된 우리 자녀가 악보를 외워서 치고 있다면 아낌없는 칭찬을 해주세요. 아이는 지금 고도의 집중과 연습의 결과물을 부모님들께 보여주고 있으니까요.

네 번째로 다양한 정서 표현이 가능합니다.

악기를 연주하면 아이의 정서가 풍부해진다는 얘기는 많이 들어보셨을 겁니다. 특히 피아노는 그 정서를 다양하고 세밀하게 표현할 수 있는 악기입니다. 건반의 세기를 달리하면서 섬세하거나 거친 감정을 표현할 수도 있고, 속도에 변화를 주면서 감정의 고조를 표현할 수도 있습니다. 또한 페달을 사용하여 다채로운 느낌의 표현까지도 가능케 하죠.

저의 학창 시절을 돌아보면 성적이나 친구 등에 대한 스트레스가 생겼을 땐 방에 들어가 피아노를 치곤 했는데요. 피아노를 치는 동안 내가 느꼈던 그 감정을 표출하는 느낌이 들었고, 연주를 마치고 나면 좋지 않은 감정이 어느 정도 해소되는 느낌을 받았습니다. 일상 속에서 느끼는 나의 감정을 한 차원 높은 예술로 표현하고 승화시킬 수 있는 피아노. 우리 아이에게 권해보는 것은 어떨까요?

피아노는 지금이 적기

악기를 배울 때 '최적의 시기'라는 게 있을까요? 결론부터 얘기하자면 적기는 분명히 존재합니다. 특히 피아노라는 악기는 더더욱 그렇죠. 피아노를 시작하는 나이는 만 5세부터 초등학교 저학년 시기가 적당합니다. 세계적인 피아니스트 임동민, 임동혁 형제는 초등학교 1학년 시절 피아노를 시작했고, 쇼팽 국제 콩쿠르 우승을 한 피아니스트 조성진도 유치원 때 친구를 따라 피아노 학원에 놀러 간 것이 계기가 되어 초등학교 때부터 본격적으로 피아노를 시작했다고 합니다.

실제 초등학교 저학년 시기는 신체 감각, 끈기, 이해력이 발달되어 다양한 배움의 준비가 된 시기입니다. 심지어 손목과 팔쓰기 등 피아노를 치기 위한 디테일한 방법까지도 알아듣고 적용할 수 있는 시기이지요.

요새는 더 어린 나이에 피아노를 시작하는 경우도 있습니다. 아이들마다 성장속도가 다르기 때문에 조금 더 빠르게 시작할 수도 있습니다. 하지만 단순하게 피아노를 타건할 수 있는 소근육만 발달되었다고 급하게 시작하면 무리가 있을 수 있습니다. 저는 아이가 최소한 자리에 10분 이상 앉아 있을 수 있고, 선생님과의 소통이 원활히 이뤄지는 것이 가능할 때 시작하는 것을 추천드립니다. 자리에 일정 시간 앉아 집중하여 악보를 보는 것은 피아노를 배우기 위한 최소한의 요건입니다. 우리 자녀가 끈기 있게 악보를 보며 원활하게 배울 수 있는 준비가 되어 있다 판단이 드시나요? 그럼 시작하셔도 됩니다!

피아노는 단시간에 익힐 수 없기 때문에 더욱 그 가치가 빛을 발하고 높은 자존감과 성취감을 선사합니다. 그러므로 피아노를 평생을 건강하고 행복하게 만들어줄 동반자로, 그 진가를 알아봐주는 부모들이 많아졌으면 좋겠습니다. ― 정진우(서울대 음대 명예교수, 의학박사)

우리나라만 알아듣는 "너 피아노 어디까지 쳤니?"

♪
28

"체르니 100번 끝났어요."

"이제 체르니 30번 들어가겠구나?"

우리나라에서 피아노 수준을 가늠하는 척도가 될 수 있는 이 질문을 들어보신 적 있으신가요? 특히 우리나라에선 국가수준 지정의 피아노 교육과정이 있는 것처럼 이런 표현들이 통용되고 있습니다. 우리 아이가 그 곡을 얼마나 소화하고 표현할 수 있는가는 그다지 주요 관심사가 아닙니다. 체르니 30번을 넘어갔는가? 또래 친구들보다 진도가 느린 편은 아닌가? 등이 오히려 중요한 관심사가 되어버렸지요.

체르니가 사람 이름?

우리가 자주 듣는 체르니(1791~1857)는 오스트리아의 피아니스트이며 작곡가이자 음악교육가입니다. 피아노 책 교본 시리즈의 이름으로 알고 있는 사람들이 많지만, 체르니는 베토벤의 제자이자 리스트의 스승으로서 연습곡 형태의 수많은 피아노 작품을 남긴 음악인입니다.

그의 과거를 살펴보면 7세에 작곡을 할 정도로 음악적 재능이 뛰어났습니다. 심지어 10세 때에 베토벤 앞에서 '베토벤의 비창'을 직접 연주하고 제자로 발탁된 유명한 일화는 그의 피아노 실력이 실로 뛰어났음을 엿볼 수 있는 대목입니다. 하지만 체르니는 연주자로서 치명적인 단점이 있었습니다. 그것은 바로 유난히 소심하고 내성적인 성격이었지요.

이러한 성격 탓에 많은 사람들 앞에서 연주해야 하는 무대를 그는 극도로 꺼려했습니다. 그래서 체르니가 선택한 길은 연주자가 아닌 음악교육가였습니다. 피아노 교육을 통해 많은 제자들을 양성하고 교육하는 길이 자신에게 더 어울린다는 것을 알았던 것이었을까요.

이후 체르니는 약 1,000개 정도의 수많은 연습곡을 만들었습니다. 모두 피아노의 테크닉이나 기교를 연습하는 곡들이지요. 따라서 아이들이 피아노를 배울 때 사용하는 체르니라는 명칭도 사실 '체르니 연습곡 모음'을 일컫는 것이랍니다. 또한 체르니 100번, 체르니 30번, 40번 등등은 작품 안에 있는 곡의 개수를 뜻한답니다.

체르니가 대체 무엇이길래

19세기 일본에서 음악시장이 무한 성장하던 시기에 체르니의 수많은 연습곡 시리즈인 100번, 30번, 40번 등등이 피아노 교본으로 많이 퍼지기 시작했습니다. 그러면서 일본의 문화가 자연스럽게 우리나라에도 흡수되었고 그때 체르니 연습 교본도 우리 음악시장에 널리 퍼지게 된 것이랍니다. 그때 피아노 교본으로 자리 잡힌 체르니가 지금도 우리가 배우고 있는 체르니랍니다. 정말 놀랍지 않나요? 그 오랜 시간 동안 한국에서 수많은 사람들이 필수 교재처럼 사용한다는 사실을 체르니가 알면 얼마나 뿌듯해할까 하는 재미있는 생각도 해봅니다.

그럼 여기서 한 가지 의문이 생깁니다. 체르니가 대체 무엇이길래 이렇게 수많은 사람들이 사용할까요? 농구를 예로 들어보겠습니다. 농구선수 중 처음부터 아무 준비 없이 다짜고짜 슛을 쏘는 사람은 없습니다. 운동 시작 전 경기를 4쿼터까지 뛸 수 있는 기초체력을 단련시켜야 하죠. 또한 패스, 슛, 드리블 등 기본적인 기술을 완전히 몸에 익혀놔야 합니다. 그래야 경기장 안에서 안정된 모습과 수준 높은 경기력을 보여줄 수 있기 때문이지요.

체르니는 위의 농구로 보자면 안정되고 멋진 플레이를 위해 배우는 '기본서'라고 생각하시면 됩니다. 무대 위에서 연주를 위한 곡으로는 무리가 있습니다. 소위 연주의 느낌으로 보자면 재미없고 딱딱한 느낌을 줍니다. 하지만 이런 기본적인 과정의 연습은 피아노를 치는 데 탄탄한 밑받침을 만들어줍니다. 테크닉적인 면이 월등히 좋아지고 차후 작품성이 있는 곡들을 연주하는 기반을 만들어줍니다. 체르니는 기초를 탄탄하게 하여 테크닉과 기교를 연습하는 교재 정도로 이해하시면 됩니다.

보통 피아노를 배우는 사람들은 체르니 30번까지는 배우게 됩니다. 다만 여기서 다음 단계로 넘어갈 때 큰 고비를 맞게 됩니다. 체르니 30번과 40번의 난이도 차이는 100번과 30번의 난이도 차이보다 훨씬 더 크기 때문입니다.

전공자를 포함하여 피아노를 오랫동안 연주한 사람 중에서도 체르니 40번을 모두 완전 마스터한 사람은 그리 많지 않습니다. 50번은 더더욱 그렇습니다.

전공자도 다 섭렵하지 않는 체르니. 애초부터 체르니 '100번, 30번, 40번' 번호에 너무 급급해하고 조바심을 낼 필요는 없지 않을까요?

생각의 전환이 필요하다

악기든 뭐든 무엇 하나를 배우는 과정이 딱딱하거나 어려우면 얼마 지나지 않아 그만두게 됩니다. 왜 그럴까요? 배우는 과정이 재미없기 때문입니다. 자고로 배움은 배우는 과정이 즐겁고, 도전할 만한 미션이 적재적소에 제시되어야 에너지가 생기고 의욕이 넘치는 것이랍니다.

피아노 역시 마찬가지입니다. 즐겁게 배우는 것이 중요하지요. 그러기 위해선 어떻게 해야 할까요? 피아노의 재미를 찾을 수 있게 체르니도 그 만들어진 목적에만 맞게 충실히 사용하면 됩니다. 다시 말해 체르니를 배우는 것이 목적이 아닌 테크닉적 성장과 기교를 높이는 목적을 위해서만 사용하는 것입니다.

수많은 브랜드와 셀 수 없이 많은 교재들이 현재 한국 피아노 음악 시장에 있습니다. 물론 체르니도 그 수많은 교재들 중 하나입니다. 각 교재에는 서로 다른 장점이 있습니다.

따라서 체르니를 배우는 것도 우리 아이의 테크닉을 살려주고 기본을 연습하는 정도로만 적절히 사용해야 합니다. 더불어 아이가 좋아하는 곡을 다룬 교재들도 보완해가면서 배우는 것도 아이의 지속적인 배움을 위해서 좋겠지요.

성인이 되어도 피아노를 즐기는 아이가 되길

자신이 어렸을 때 체르니를 40번까지 치다가 말았다며 흘러가는 자랑을 하셨던 선생님이 계셨습니다. 학기말 학교 행사 준비 도중 저학년 핸드벨 연주 순서에 피아노 반주가 갑자기 필요한 상황이었습니다. 그때 그 선생님이 떠올라서 부탁을 드렸지요. 그때 선생님께서는 당당히 얘기하셨습니다.

"나 지금은 못 치지. 배운 지가 언젠데!"

체르니를 오래 쳤지만, 성인이 되어 이젠 피아노를 못 친다고 말하는 현실. 뭔가 잘못되었다고 느끼지 않으셨나요?

아이에게 피아노가 재미있는지 넌지시 물어보세요.

"엄마 나 사실…… 지겨워."

이런 대답을 한 아이라면 이미 맘속에선 피아노와의 이별을 준비하고 있는지도 모릅니다. 아이가 피아노를 통해 온전히 음악에 대한 즐거움을 느끼게 해주세요. 너무 진도에 목맬 필요도 없고 이 교재가 다음 달이면 끝나는지에 대해서도 집착할 필요도 없습니다.

피아노를 통해 음악의 즐거움을 느낀 시간은 몸과 머리 그리고 손가락이 기억합니다. 그리고 그 기억은 성인이 되어서도 피아노를 계속 찾고 즐길 수 있는 원동력이 된다는 점! 잊지 마세요.

피아노,
집에 꼭 있어야 할까

피아노를 배우기 시작했거나, 피아노에 재미를 붙인 자녀를 둔 부모님들께서는 한 번쯤은 이런 고민을 하십니다.

'피아노 언제쯤 사 줘야 할까?'

시기적으로 과거 10여 년 전 피아노 가격과 현재 피아노 가격은 크게 변하지 않았습니다. 하지만 많이 변한 것이 하나 있지요. 바로 종류와 모델이 놀라울 정도로 많이 바뀌었습니다. 그래서 요즘 피아노를 구매할 때는 우리 집의 여건이나 상황에 맞는 '최적의 피아노'를 선택하는 것이 매우 어렵습니다. 선택지가 많아졌기 때문입니다. 이번 장에서는 여러 피아노의 종류와 특징을 함께 알아보며 현재 우리 집의 상황과 가장 어울리는 피아노는 어떤 것인지, 그리고 피아노를 언제쯤 사 줘야 하는지에 대해서 다뤄보도록 하겠습니다.

업라이트 피아노 vs 디지털피아노

가정에서 일반적으로 사용하는 피아노는 크게 업라이트 피아노, 디지털 피아노 이렇게 두 가지를 들 수 있습니다. 약 30년 전만 하더라도 디지털 피아노의 완성도는 그리 높지 않았습니다. 건반을 누를 때 타건감이나 동시발음(동시에 낼 수 있는 음의 최대치. 예로 32동시발음은, 88개의 모든 건반을 동시에 누르거나, 서스테인 페달을 사용했을 때 지속될 수 있는 음이 32개까지라는 뜻입니다) 등 여러 가지 면에서 어쿠스틱 피아노를 따라가지 못했기 때문이지요. 하지만 현재는 디지털 피아노의 기술이 빠르게 진화되어 타건감과 소리 등 다양한 부분에서 높은 완성도를 갖게 되었습니다. 그뿐만 아니라 전 세계적으로도 전자악기에 대한 수요와 시장이 늘고 있기 때문에 더욱 기술적인 성장을 하고 있는 추세입니다.

이 두 피아노는 여러 가지 면에서 비슷하면서도 다른 부분이 많습니다. 먼저 업라이트 피아노부터 다뤄보겠습니다. 어쿠스틱 피아노(전기 및 전자 장치를 사용하지 않는 자연스러운 생 음을 연주하는 피아노) 중에서 우리 주변에서 흔히 볼 수 있는 업라이트 피아노!

업라이트 피아노는 피아노 학원이나 가정 등 우리 주변에서 흔히 볼 수 있는 피아노입니다. 그랜드 피아노보다 훨씬 작은 공간을 차지하기 때문에 가정에서 사용하는 경우가 많지요. 현과 울림판이 수직방향으로 되어 있고 전체가 상자처럼 이루어져 있어 소리가 직접적으로 전달되지 않는 특징을 가지고 있습니다.

건반을 눌렀을 때 피아노 속에 있는 해머가 현을 두드리면서 소리

업라이트 피아노

를 내는 방식이며, 디지털 피아노에 비해 울림이 있는 소리가 나오는 게 특징입니다. 또한 목재로 된 건반으로 되어 있어 건반의 무게 자체가 디지털 피아노에 비해 무거운 편입니다. 그래서 타건감이 디지털피아노보다 훨씬 정교하며 묵직한 느낌을 줍니다.

다음으로는 디지털 피아노입니다. 어쿠스틱 피아노를 표방해서 만든 전자악기라고 생각하시면 이해가 빠를 것 같습니다. 예전만 하더라도 기계로 내는 인위적인 소리라는 거부감이 있어서 아이들 교육용으로는 어쿠스틱 피아노를 우대했지만 지금은 오히려 디지털 피아노를 찾는 분들이 더 많습니다. 기술력도 과거에 비해 현저하게 좋아지고 소리나 터치감 등 여러 부분에서 어쿠스틱 피아노와 비슷하기 때문입니다.

디지털 피아노

　디지털 피아노는 건반을 눌렀을 때 속에 있는 센서를 자극해서 소리를 내는 방식입니다. 센서의 자극이 스피커를 통해서 출력되는 방식이라 일단 깨끗한 소리가 나는 것이 특징입니다. 전자악기이기 때문에 소리의 출력도 조절할 수 있지요. 또한 디지털 피아노의 건반은 예전에는 아크릴이나 인조상아로 되어 있었지만 요즘에는 목재 건반을 사용하기도 해서 타건감이 거의 어쿠스틱과 비슷하다고도 할 수 있습니다.

피아노를 사줘야 하는 시기가 따로 있나요?

그렇다면 우리 아이의 피아노는 언제쯤 사 줘야 할까요? 이 부분이 특히 부모님들께서 궁금해하시는 사항이지요. 먼저 피아노를 구매하는 경우는 둘로 나뉩니다. 아직 피아노를 자녀가 배우지는 않았지만 구매하는 경우와 피아노를 학원 등에서 배우고 구매하는 경우입니다.

먼저, 피아노를 배우지 않았지만 구매하는 경우입니다. 이 경우는 자녀의 음악교육을 시작해볼까 하는 설렌 마음으로 덜컥 구매하시는 경우가 많지요. 보통 자녀 음악교육에 관심이 많은 부모님들이십니다. 하지만 자녀 음악교육 때문이라 하더라도 시기를 알고 구매해야 집에서 피아노가 인테리어로(?) 전락하는 것을 막을 수 있습니다.

피아노는 최소한 아이가 10~20분 이상 자리에 앉아 있을 수 있고 종합적으로 습득할 수 있는 만 5세는 되어야 교육이 가능하답니다. 아이가 아직 너무 어린 경우라면 한 번 더 생각하시고 구매하시길 권장합니다. 단지 아이의 음감 형성만을 위한 목적이라면 덩치가 큰 피아노보다는 '도레미파솔라시도' 음이 내장되어 있는 장난감 피아노를 권장합니다. 아이와 즐겁게 놀이를 통해 음감 형성도 가능하고 이동과 휴대가 간편하기 때문에 어린 아이들에게는 더할 나위없이 제격이지요. 이때 주의해야 할 것은 너무 저가형 장난감 피아노는 음정이 잘 맞지 않는다는 점입니다. 적절한 가격대의 장난감 피아노를 구매하거나 믿을 만한 회사의 제품을 선택하는 것이 좋습니다.

다음으로는 자녀가 피아노를 학원 등에서 먼저 배우고 구매하는 경우입니다. 이 경우는 보통 자녀가 이미 피아노를 배운 상황이기에, 아이의 필요에 의해서 구매하는 경우가 많습니다. 부모님은 아이가 보내는 신호를 잘 캐치해서 피아노를 사 주시면 됩니다.

"엄마! 학원에서 나 좀 더 연습하고 갈게요!"

"이번에 배운 곡은 좀 어려운데 재미있어요!"

이런 이야기를 아이가 먼저 꺼낸다면 바로 이 시기가 적기입니다. 혹은 아이가 손가락으로 식탁이나 탁자를 마치 피아노 치는 것처럼 행동하고 있다면 이것도 역시 신호입니다. 아이가 피아노에 대한 재미를 키워가고 더 치고 싶어 하는 마음이 있을 때 구매해야 최적의 효과가 있기 때문입니다.

우리집에 가장 어울리는 피아노는 무엇일까?

그렇다면 우리집에는 어떤 피아노가 어울릴까요?

먼저 연주하는 시간을 생각해봐야 합니다. 자녀가 연주하는 시간이 휴일이나 주로 저녁시간으로 한정되어 있다면 두말할 것도 없이 디지털피아노입니다. 많은 사람들이 사는 다세대 주택이나 공동주택에서 업라이트 피아노를 저녁 시간에 연주한다는 것은 무리입니다. 업라이트 피아노는 소리도 소리이겠지만 그 진동과 울림이 크기 때문에 특히 다세대 주택에서는 고스란히 아랫집과 윗집에 피해를 주게 됩니다. 물론 낮 시간이라면 어느 정도 이해가 될 수 있겠지만 주로 저녁이나 휴일이라면 이야기가 달라지겠지요.

기억하세요. 우리 아이의 피아노 소리가 나에게는 좋은 선율로 들릴 수 있겠지만 다른 사람에게는 소음에 지나지 않을 수 있습니다.

반면 디지털 피아노는 소리의 출력을 조절할 수 있습니다. 그래서 작은 볼륨을 통해서도 연주가 가능합니다. 또한 헤드폰으로 출력을 변경할 수도 있기 때문에 얼마든지 볼륨을 높여도 다세대주택에서 소음으로 인한 피해를 줄 일은 없게 되지요.

두 번째로 가격 부분입니다. 업라이트 피아노는 예전 과거에 비하면 가격이 크게 변하지 않았습니다. 보통 새 제품으로 구매한다면 300~500만 원 정도, 비싼 제품은 2,000만 원 이상 가격이 형성되어 있으며, 상태가 좋은 중고 제품의 시세는 150~200만 원 정도에 형성이 되어 있습니다.

업라이트 피아노의 경우는 브랜드가 크게 10가지 내외로 있습니다. 보통은 인지도 있는 브랜드의 스테디셀러로 구매하시는 것을 권장하며 특히 업라이트 피아노는 음색의 선호도가 선택을 좌우하는 경우가 많습니다. 깨끗하고 선명하게 울리는 음색을 좋아하는 분도 있지만 부드럽게 감싸는 음색을 좋아하는 분도 있습니다. 제각기 좋아하는 선호도가 다르기 때문에, 피아노만큼은 직접 악기매장에 가서 음색을 들어보고 선택하시기를 권장합니다.

디지털 피아노의 경우는 가격이 20만 원대부터 1,000만 원대까지 형성되어 있습니다. 디지털 피아노의 가격은 브랜드뿐만 아니라 갖고 있는 기능과 특성의 차이가 가격을 만드는 주요 요인입니다. 디지털 피아노의 경우 크게 웨이티드건반과 해머액션건반으로 나눌 수 있습니다.

주로 저가형에 사용되는 건반은 웨이티드건반입니다. 가벼운 터치감과 무게감이 없는 건반이기 때문에 가격은 저렴한 반면, 터치감은 많이 떨어진다고 보시면 됩니다. 반대로 해머액션건반은 타건할 때 무게감도 살려주지만 손을 뗄 때 느낌까지도 어쿠스틱 피아노와 비슷하게 제공합니다. 또한 전자악기이다 보니 건반분리나 음색혼합 리듬 패치 등 많은 기능들이 있는데, 기능의 수에 따라 제품명 뒤에 숫자가 붙습니다. 64보다는 128이 더 기능이 많고, 128보다는 256이 더 많습니다.

이처럼 디지털 피아노는 터치감과 기능에 따라 가격 차이가 납니다.

세 번째로는 우리집 크기와 피아노를 놓을 위치입니다. 보통 넓은 평형대의 집이라면 큰 고민을 하지 않아도 되지만, 중소형 평형대의 집은 잘 생각해보셔야 합니다. 업라이트 피아노는 보통 너비(가로)가 150cm, 높이(세로)는 110~125cm 정도이고, 폭은 50~60cm로 크기가 크고 무게가 200~250kg 정도로 굉장히 무겁습니다. 한 번 집에 자리를 잡아 위치하게 되면 이동도 어렵습니다. 또한 업라이트 피아노의 소재가 나무이기 때문에 직사광선이나 습기가 많은 곳에서는 피아노의 변형을 가져올 수 있습니다.

상대적으로 디지털피아노는 크기가 업라이트 피아노에 비해 작습니다. 그리고 무게도 10~50kg 정도로 가볍습니다. 그렇기 때문에 인테리어나 집의 구조를 자주 바꾸시는 분들에게는 업라이트보다는 디지털을 권장합니다. 또한 디지털피아노는 피아노의 현이 녹슬거나 장력이 떨어질 일이 없기 때문에 장소에 대한 구애를 업라이트보다는 받지 않습니다. 대신에 전자제품의 특성상 음료수나 과자 등이 흘려서 피아노에 들어가면 영영 소리를 듣지 못할 수도 있기에 주의해야 하지요.

앞에서 다룬 내용들을 충분히 살펴보신 후 우리집에 딱 맞는 피아노를 구매하시길 바랍니다.

학원에서 우리 아이만 유난히 진도가 느려요

30

피아노 학원에 다니지만 유독 진도도 느리고 실력이 더디게 느는 우리 아이.

몇 달 혹은 1~2년 전에 피아노를 시작했는데 여전히 같은 곡을 어설프게 치고, 오히려 실력이 예전보다 못하다는 느낌이 들 때 부모님들께서는 문득 이런 생각이 듭니다.

'우리 아이가 피아노에는 재능이 없나?'

물론 부모님의 판단이 맞을 수도 있습니다. 음악에 대한 재능과 흥미가 없어서 기술적인 향상이 유난히 더딘 경우도 더러 있습니다. 하지만 이런 경우는 생각해보지 않으셨나요?

혹시 우리 아이가 느린학습자?

학부모님들께서는 느린학습자라는 말을 들어보신 적이 있으신가요? 정상과 지적장애의 중간정도, 경계선 지능에 있는 학습자를 일컬어 '느린학습자'라고 말합니다. 미국 정신의학회의에서는 표준화 지능검사에서 IQ 71~84인 아동들을 경계선 지적지능Borderline Intellectual Functioning의 느린학습자로 분류하는데요. 느린 학습자들은 주어진 과제에 집중하지 못하는 큰 특징을 가지고 있습니다. 과업에 집중하지 못하고 멍하게 있거나 딴 짓을 하는 모습을 자주 보이지요. 또한 기억력도 일반 아동들에 비해 낮은 편에 속합니다. 그래서 어떠한 새로운 지식이나 기술을 배우더라도 다음 학습에 대한 진행이 매우 더디고 어렵게 이뤄집니다. 바로 이 느린학습자가 악기를 배우는 과정에서 발견되는 경우가 종종 있습니다.

느린학습자가 악기를 배울 때에 주로 드러나는 특징들을 한번 살펴볼까요?

1. 몇 달 째 계이름을 못 읽음
2. 몇 달 째 기본 자리 음계를 익히지 못함
3. 쉬운 부분을 반복해서 틀림
4. 익숙한 곡과 악보를 일치시키지 못함

악기를 배우고 실력이 향상된다는 것은 연주를 위한 지식과 기술이 계속적으로 축적되는 고차원적인 배움의 형태입니다. 피아노를 몇 년을 배웠는데도 실력이 늘지 않고 피아노를 여전히 잘 못 친다면, 아이의 학습과정을 자세히 살펴보시기 바랍니다. 피아노뿐만이 아니라 전반적인 학교생활에서 이뤄지는 학습 과정들을 힘들어하고 있을 수 있습니다.

우리 아이가 만약 느린학습자라면 전문적인 상담과 치료가 필요합니다. 피아노를 배우거나 악기를 배우는 것은 차후의 일입니다. 나이가 들면 알아서 좋아지겠지라고 생각하시면 안 됩니다. 느린학습자들은 학습뿐만 아니라 의사소통, 사회성도 떨어지는 특성을 보이기 때문에 또래 집단에서도 이탈되고 방치될 수 있는 가능성이 큽니다.

따라서 이런 특성을 보이는 아이들에게는 그들에게 맞는 전문적인 교육과 속도 조절이 최우선적으로 필요합니다. 적절한 맞춤처방이 이뤄지면 느린 속도지만 얼마든지 지도가 가능하기 때문입니다.

혹시 눈에 이상이 있지는 않은지

얼렌증후군이라고 들어보셨나요? 시력검사를 하면 특별한 이상이 없는데도 글씨를 잘 못 읽거나, 글씨가 겹쳐 보이는 등 책을 볼 때 유난히 눈에 통증이 있고 피로한 경우 의심해봐야 합니다. 하지만 어렸을 때는 단순히 책 읽는 속도가 더디거나, 집중력이 조금 부족하다고 생각하여 넘기는 경우가 많고, 본격적인 공부가 시작된 이후에 발견을 하곤 합니다.

얼렌증후군은 난독증의 종류로 미국 인구의 12~14%, 우리나라의 약 10%가 갖고 있는 것으로 알려져 있지만, 대중적으로 많이 알려져 있지는 않습니다.

한 아이가 음악 시간에 악보의 줄과 칸을 잘 세지 못하여 계이름을 읽는 데 어려움을 겪었습니다. 대화할 때는 똑똑해 보이는 아이여서 옆에 앉아서 자세히 관찰했죠. 역시나 오선의 줄과 칸의 위치를 정확히 구별하지 못했습니다. 그날 바로 부모님께 알려드려 검사를 받았는데 결국 아이는 난독증이라고 하더군요.

얼렌증후군은 치료나 의료 안경을 통해 보정이 가능하기에 너무 걱정할 필요는 없습니다. 일찍 발견했다면 다행인 것이죠!

운동신경이 조금 없는 편일 수도 있습니다

음악이라고 하면 사람들은 지적·감성적 영역을 주로 떠올립니다. 실제로 음악을 감상하고 이해하는 것은 지적·감성적 영역입니다. 하지만 악기 연주를 한다는 것은 조금 다릅니다. 악기 연주는 어쨌거나 몸을 움직여서 소리를 내는 것이죠. 협응력을 바탕으로 신체 운동을 통해 음악을 표현하는 능력이라고 할 수 있습니다.

악기 연주를 잘한다는 것은 집중력, 정신력 등 변수가 많긴 하지만 실제로 '운동 신경이 뛰어난' 아이들이 악기 연주를 잘하는 경우가 많습니다. 어른도 마찬가지고요. 피아노 연주를 한번 떠올려보세요. 기본적으로 열 개의 손가락과 팔꿈치, 어깨, 허리, 목, 발 등 전신을 사용하는 운동입니다.

따라서 진도가 유난히 느리거나 악기 배우는 속력이 더디다면 운동신경이 조금 없는 편일 수도 있습니다. 이 경우는 너무 걱정 마세요. 오히려 피아노를 배우면 운동신경이 발달한다는 연구 결과도 있으니까요.

학원에서 권하는 콩쿠르, 나가야 할까

♪ 31

아이가 피아노 학원을 다니다 보면 선생님께서 종종 이런 이야기를 하실 때가 있습니다.

"우리 ○○이 이번에 콩쿠르 한번 나가보는 건 어떨까요?"

"○○이가 지금 열심히 피아노를 배우고 있어요. 이 곡으로 콩쿠르에 나가볼게요!"

콩쿠르라니. '우리 아이가 그 정도로 잘 치나?!' 하는 기분 좋은 의구심이 들기도 하면서, 큰 상을 받는 흐뭇한 상상에 빠지기도 합니다. 반대로 '연주 도중 우리 아이가 실수로 인해 상처만 받으면 어떡하지?' 하는 걱정이 들기도 하지요.

부모의 마음이란 똑같습니다. 아이를 사랑하고, 아이를 걱정하고, 아이의 미래를 고민하는 것. 부모로서 드는 당연한 마음이지요.

콩쿠르가 대체 뭔데?

concours. 경쟁 또는 경연이라는 뜻을 가지고 있는 프랑스어입니다. 하지만 우리나라에서는 특히 음악에서 개개인의 능력 등을 겨루는 대회의 의미로 자주 쓰이지요.

대한민국에는 다양한 사단법인과 협회, 방송사, 학교, 신문사, 기업 등 다양한 음악 콩쿠르 주최사가 존재합니다. 콩쿠르의 종류는 정말 많습니다. 권위 있고 유명한 연주자들을 배출한 역사 깊은 콩쿠르부터, 소위 상장이나 트로피 나눠주기식의 콩쿠르까지 정말 다양하지요.

저도 어렸을 때 콩쿠르에 나가본 경험이 있습니다. 학원 원장님의 강력한 추천으로 콩쿠르대회에 나가게 되었지요. 매일매일 피아노 소나타 16번을 연습했고, 선생님의 오케이 사인이 나야 집에 갈 수 있었죠. 준비하는 기간 동안 자주 틀리는 부분과 부드럽게 이어지지 않는 부분을 무한반복으로 연습했던 기억이 납니다.

설레는 콩쿠르 당일, 정말 긴장한 상태에서 준비했던 곡을 한음 한음 최선을 다해 연주했던 것으로 기억합니다.

며칠 후, 선생님께서는 "떨지 않고 연습한 대로 잘했어!"라는 말과 함께 사단법인 주최 대회의 인증이 박힌 트로피를 하나 주셨습니다. 지금 생각해보면 그 트로피는 참가하는 피아노 콩쿠르 접수비로 제작된 참가 상품 정도에 지나지 않는 트로피였습니다. 하지만 트로피를 받은 그때 당시 저는 이루 말할 수 없는 뿌듯함과 내가 해냈다는 성취감을 느꼈습니다.

'내가 이 트로피를 받을 정도로 정말 잘했구나!'

'내가 노력하고 연습했던 게 결국 이렇게 멋진 결과를 가져오는구나!'

콩쿠르는 말 그대로 음악 경연대회입니다. 하지만 아이에게는 도전을 통해 성장하고 스스로 피드백을 받을 수 있는 기회의 장이 될 수 있습니다.

콩쿠르의 좋은 점

실제 콩쿠르에 참가하는 것은, 우리 아이에게 어떤 점이 좋을까요?

첫 번째로 단기간에 악기 연주 실력이 향상됩니다. 권위가 있는 콩쿠르이든 그렇지 않든 간에 준비하는 과정은 만만치 않은 일입니다. 곡의 선택부터 대회 무대까지 아이에게는 하나의 큰 도전입니다. 이때부터 아이는 선생님의 지도 아래 체계적인 연습 과정을 거치게 됩니다. 곡의 특성을 분석하고 표현을 살리는 과정에서 아이는 자연스럽게 피아노 실력이 향상됩니다. 한 곡에 불과하지만 곡의 깊이를 더하는 심화적인 연습은, 10곡 이상을 배우는 노력과 같기 때문입니다.

두 번째로는 반복된 일상에 내적 동기를 부여합니다. 피아노를 치다 보면 아이들은 슬럼프나 권태감이 오기도 합니다. 그 시기는 개개인별로 각각 다르지요. 콩쿠르는 이럴 때 좋은 자극제가 될 수 있습니다. 아이들에게 긍정적인 긴장감을 줄 수 있지요. 또 대회에 나가서는 다른 친구들이 연주하는 것을 관찰하면서 경쟁심을 느끼기도 합니다. 그래서 스스로 더 열심히 해야겠다는 의지가 생기기도 합니다. 아이가 피아노 실력은 계속 늘고 있는 것 같은데, 의욕이 없어 보인다면 콩쿠르 준비가 활력소가 될 수 있습니다.

세 번째로는 소중한 무대경험을 가질 수 있습니다. 무대가 주는 압박감은 누구에게나 큽니다. 살아가며 많은 경험을 해본 성인이라도 무대에 서는 것은 쉬운 일이 아닙니다. 하지만 신기하게도 무대는 설수록 익숙해지는 곳입니다. 이런 경험이 많을수록 사람들 앞에서 나를 표현하는 자신감을 얻게 되지요.

평소 말 수가 없는 조용한 성격의 여자아이가 있었습니다. 하지만 발표할 때만큼은 다른 사람을 별로 의식하지 않고 당당한 모습이었습니다. 이것이 미스터리였습니다. 학교에서 음악 발표회가 있던 날 피아노 연주 분야에 참가한 그 아이는 떠는 기색 없이 멋진 피날레를 선보이며 연주를 마쳤습니다. 부모님과 얘기해보니 어렸을 때부터 무대경험을 위해 종종 콩쿠르에 참가한다고 하더군요. 아이가 발표할 때 유독 자신감 있었던 이유를 찾을 수 있었습니다.

콩쿠르는 선택의 문제

'콩쿠르는 콩쿠르일 뿐!'

콩쿠르에서 좋은 결과에 입상 못하면 우리 아이가 음악적 재능이 없는 건가요? 아닙니다. 단순히 연습량이 충분하지 못했을 수 있습니다. 혹은 무대에서 오는 긴장감을 극복하지 못했을 수도 있습니다. 또 그날의 컨디션이 유독 안 좋았을 수도 있습니다.

반대로 콩쿠르에서 좋은 상을 받았다고 해서 훌륭한 음악가가 될까요? 훌륭한 음악가는 어렸을 때 참가한 콩쿠르 한 번으로 결정되는 것이 아닙니다. 오히려 어렸을 때 콩쿠르에서 유수의 성적을 거두었지만, 중도에 음악을 그만두는 경우도 많습니다.

콩쿠르는 지금 우리 아이가 갈고닦은 피아노 실력을 잠시 대회라는 형식을 빌려 측정해보고 피드백을 제공받는 것입니다. 참가하는 아이는 콩쿠르를 통해 내가 잘하고 있는 것인지, 내 연주의 장단점은 무엇인지 파악하면 됩니다.

다음의 경우는 콩쿠르를 권하지 않는 몇 가지 경우입니다.

• 피아노를 시작한 지 얼마 되지 않아 기초 연습을 하고 있는 단계라면 콩쿠르 참가를 권하지 않습니다.

• 충분한 연습 기간이 남아 있지 않으면 참가를 권하지 않습니다. 한 곡을 연습하는 기간은 아이마다 다릅니다. 꼭 참가하고 싶은 콩쿠르가 곡을 연습하기에 충분한 기간이 아니라고 판단되면 나가는 것을 권하지 않습니다.

• 불안감이 많고 긴장을 심하게 하는 아이는 콩쿠르 참가를 권하지 않습니다. 콩쿠르 참가를 권하지 않는다고 해서 무대를 권하지 않는다는 뜻은 아닙니다. 이런 아이들에게는 작은 무대 경험을 벽돌 쌓듯이 차곡차곡 쌓고 콩쿠르에 도전하는 것을 추천합니다.

음악과 함께하는 삶은 깁니다. 우리 아이는 오랫동안 음악과 함께할 시간들이 남아 있습니다. 피아노를 배우고 콩쿠르를 준비하는 것은 아이의 삶 전체로 보자면 음악을 배우고 즐기는 한 과정이라고 생각하시면 좋을 것 같습니다.

콩쿠르에 참여하는 것. 아이의 장래를 판단하는 요소가 아닌 배움의 과정으로 생각하고 지켜봐주세요.

"엄마 나 피아노 학원 그만둘래요" 32

"엄마, 나 언제까지 피아노 학원 다녀야 해요? 이제 그만 다니고 싶어요."

"이 정도면 피아노 더 안 배워도 될 것 같아요."

꾸준히 성실하게 피아노를 잘 배우던 아이가 불현듯 이런 얘기를 꺼낸다면 부모는 마음이 덜컥 내려앉게 됩니다.

'그래. 이제 배우기 싫다는데, 아이의 의사가 가장 중요하지'라는 생각이 들면서도, 그동안 피아노를 배우기 위해 들였던 시간과 노력이 물거품이 되는 것은 아닌가 하는 막연한 불안감이 들기도 합니다.

'피아노를 통해서 음악을 즐기는 아이로 만들어주고 싶은데 어떻게 하면 좋을까?'

아이가 피아노를 그만두겠다고 말을 하면, 혹시 다음의 다른 신호

인지 확인해보고 결정해주시기 바랍니다.

1. 다른 악기를 배워보고 싶어요.

피아노를 배운 우리 아이는 어쩌면 이제 다른 악기를 배우고 싶어할
수 있습니다. 다른 악기를 하나 제안해보는 것은 어떨까요? 평소 성실
하게 피아노를 배웠던 아이였다면, 음악을 사랑하는 아이일 가능성이
높습니다.

혹시 우리 아이가 현재 피아노 악보만 보고도 칠 수 있는 수준인가
요? 그렇다면 이 시점에서 다른 악기를 배운다는 것은 오히려 아이에
게 음악 스펙트럼을 넓힐 수 있는 좋은 기회가 될 수 있습니다.

다른 악기를 접하고 배우는 과정은 익숙하지 않기에 낯설기도 합
니다. 하지만 피아노와는 다른 원리로 연주되기 때문에 흥미롭고 새롭
습니다. 또한 피아노를 배웠기 때문에 음악에 대한 이해가 높아 쉽게
배울 수 있습니다.

2. 피아노 연습량이 너무 많아 힘들어요

피아노를 학원에서 배우고 있다면 달성해야 할 개인의 진도 목표가 있
습니다. 그에 따라 학원과 집에서 연습해야 할 시간을 정하는 것이 일

반적입니다. 만약 부모님께서 아이의 진도 목표나, 연습해야 할 양이 적절하지 않다고 판단되면 선생님과 상담을 하시길 권장합니다. 아이에게 맞지 않는 레슨을 고수한다면 그 학원은 개별적인 지도 관리가 잘되지 않는 학원일 수 있습니다.

정해진 연습 시간을 선생님이 적당량 부과하였더라도, 아이에 따라서 체감하는 연습량은 다를 수 있습니다. 실제로 학원숙제, 학습지 등 해야 할 것이 많아 연습할 시간이 없을 수도 있기 때문입니다. 어쨌든 힘들다고 느끼는 경우는 피아노 선생님과의 상담을 통해 아이의 연습량을 조절할 필요가 있습니다. 대부분 선생님들은 연습량에 대한 상담 후, 아이가 힘들어한다는 것을 인지하시고 연습량을 조절해주십니다. 연습량이 줄어든다면 다시 흥미를 찾고 피아노를 곧잘 배우기도 하지요.

교본의 번호, 교본의 진도가 아이의 피아노 실력을 나타내는 것이 아닙니다. 진도를 위한 과도한 연습으로 아이가 힘들어하지 않도록 자주 살펴주세요.

3. 저에겐 응원과 격려가 필요해요

아이가 피아노를 배우는 과정이 '연습-검사'만 반복되는 상황이라면 슬럼프가 일찍 찾아올 수 있습니다. 슬럼프가 오더라도 받아들이고 이겨내는 정도의 차이는 개개인별로 다릅니다. 심하게 겪는 아이는 피아노를 그만두는 것도 모자라 음악을 멀리하기까지 하는 경우도 있지요. 반대로 언제 지나갔는지도 모르게 피아노를 다시 잘 배우는 아이도 있습니다.

슬럼프 해결 방법으로는 여러 가지가 있습니다. 지금 상황에서 새로운 자극제가 무엇일까? 생각해볼 수도 있고, 그냥 잠시 쉬라고도 할 수도 있습니다. 하지만 가장 우선시되어야 하는 것은 아이의 음악을 충분히 귀담아 들어주는 것입니다. 아이가 치는 피아노를 듣고 이런 말을 건네어보는 건 어떨까요?

- 듣다 보니까 다른 곡도 더 듣고 싶어졌어.
- 오늘 분위기와 네 피아노 소리가 너무 잘 어울리는걸?
- 네 음악 소리에 엄마 기분이 좋아졌어.
- 방금 그 멜로디 다시 한 번 연주해줄래?

최근에 아이의 피아노 소리를 진심으로 들어준 적이 언제인지 한 번 생각해보세요.

피아노를 배우며 지쳐 하는 이 시점에 부모가 듣고 건네는 따뜻한 한마디! 지금 우리 아이에게는 더없이 필요한 것일 수 있습니다.

어디서도 알려주지 않는 작곡 공부

여러분들도 한번쯤 드라마나 영화에 삽입된 음악에 빠져보신 적 있으신가요? 이 음악들은 감동적인 장면에서 더욱 드라마틱한 감정을 갖게 도와줍니다. 연인이 극적으로 재회하는 장면에서는 애틋한 감정을, 서로 헤어지는 장면에서는 슬픈 감정을 배가시키죠. 음악이 갖는 힘이자 마법입니다.

이런 마법을 부리는 분들이 바로 영화음악 작곡가들입니다. 작곡가들은 영화의 시나리오를 받고 자신이 해석한 느낌을 살려 곡을 만들기도 하고, 혹은 장면에 대한 감독의 자세한 설명을 듣고 감정을 이입하여 곡을 만들기도 합니다.

새로운 것을 창작하는 행위는 인간의 자연스러운 본능입니다. 아이가 악기를 연주하는 게 익숙해지면 자연스럽게 음악을 만드는 쪽으로 관심이 연결되죠. 알 수 없는 노래를 연주하거나, 더듬더듬 알아보기 어려운 음표를 그리는 것으로 시작합니다. 따라서 작곡은 음악을 연주하는 것에서 확장된 또 하나의 음악 카테고리라고 할 수 있습니다. 이번 장에서는 작곡에 대해 궁금한 점, 그리고 우리 아이가 작곡을 하기 위해 필요한 것들에 대해 알아보도록 하겠습니다.

작곡이란 무엇일까?

작곡은 말 그대로 음악을 창작하고 만든다는 것입니다. 멜로디와 리듬을 만드는 것이라고 이해해도 좋습니다. '멜로디와 리듬을 만든다?' 굉장히 어려운 일처럼 보일 수도 있습니다. 그래서 보통 작곡은 전문적인 커리큘럼을 거쳐야만 할 수 있는 어려운 일이라고 생각하시는 부모님들이 많이 계시는데요. 결론적으로 얘기하자면 지금 이 장을 보고 있는 순간에도 작곡은 쉽게 가능합니다.

자! 여기서 여러분들과 게임을 한번 해보겠습니다. 참여해보세요. 게임 동요는 누구나 알고 있는 〈학교종〉이라는 동요입니다.

1. "학교종이 땡땡땡 어서 모이자"라는 부분에서 "학교종이 땡땡땡"까지는 그대로 부르세요!
2. "어서 모이자" 부분은 원래 노래와는 다른 음과 다른 리듬으로 무조건 다르게 불러야 합니다.
3. 똑같이 부르면 지는 게임입니다.

다른 멜로디와 리듬으로 바꿀 준비가 되셨나요? 시작해보도록 하겠습니다!

혹시 여러분들도 "어서 모이자" 부분에서 멜로디를 원래 음보다 위아래로 변화시켜 똑같지 않게 불렀거나 혹은 리듬을 다르게 해서 부르셨나요? 작은 의미에서 보자면 지금 작곡을 경험해보셨다고 할 수 있습니다. 다시 한 번 불러봐도 잘 어울리나요? 그럼 작곡에 상당한 소질이 있으신 겁니다. 현재 많은 현업 작곡가들도 출시되어 있는 많은 노래를 듣고, 자신의 취향과 음악 스타일에 따라 나만의 음악으로 변환시키는 과정을 거친답니다. 어떠신가요? 작곡, 별로 어렵지 않지요? 우리 아이들도 쉽게 도전하고 시작할 수 있습니다.

작곡의 원리

작곡의 원리는 크게 두 가지로 나눌 수 있습니다. 첫 번째로는 아이의 머릿속에 맴돌고 있는 음의 조합을 표현하는 것입니다. 만약 아이가 생전 처음 듣는 노래를 흥얼흥얼거리고 있다고 가정합시다. 그것은 아이의 머릿속에서 새로운 음의 조합을 하고 있는 과정이 밖으로 살짝 표출되고 있는 순간이라고 볼 수 있습니다. 그 순간을 악보에 담고, 그 속에 화성(코드)과 가사를 입히면 하나의 노래가 탄생하는 것이랍니다. 설명의 편의를 위해서 이것을 '①머릿속의 새로운 멜로디'라고 하겠습니다.

두 번째는 떠오르는 음은 없으나, 아이가 직접 음을 조합해 표현하는 것입니다. 이것은 기본적으로 음악이나 악기를 조금이라도 배운 아이들에게 주로 해당됩니다. 딱히 머릿속에 새로운 멜로디가 없기에 어떠한 기준이 될 수 있는 음이나 화성을 치고 그 다음으로 진행시킬 여러 가지 음을 쳐보며 원하는 멜로디를 찾아내는 과정이지요. 그렇게 해서 찾은 최적의 음의 조합이 바로 하나의 노래가 되고 음악이 되는 것이랍니다. 이것은 '②어울리는 음의 조합'이라고 하겠습니다.

작곡가마다 조금씩 차이는 있지만, 저는 개인적으로 '①머릿속의 새로운 멜로디'와 '②어울리는 음의 조합'이 적절히 배합된 형태로 곡을 작곡한답니다. ①먼저 머릿속에 새로운 멜로디가 떠오르면 녹음을 하거나 메모를 해놓습니다. 조금 시간이 지나면 잊어버리기 때문이지요. 요새는 스마트폰이 있기 때문에 시간과 장소에 구애받지 않고 떠올랐을 때 바로 녹음이나 메모가 가능합니다.

동기나 기준이 될 수 있는 멜로디가 짧게라도 만들어지면, 다음으로 ②어울리는 음이나 화성을 그 멜로디와 다양하게 배합시켜가면서 하나의 곡을 완성해간답니다.

우리 아이가 작곡을 시작하기 위해
필요한 것은 무엇일까요?

우리 아이가 작곡을 시작하기 위해서는 어떤 것들이 준비되어야 할까요?

첫째로 연주할 수 있는 악기입니다. 자신의 머릿속에 떠오르는 음들을 쉽게 표현할 수 있는 악기가 한 가지쯤은 있어야 하죠. 단선율 악기여도 상관은 없지만, 아무래도 작곡을 완성하기에는 화성악기가 좋습니다. 여기서 화성악기는 코드 반주가 가능한 악기를 말하는 것이지요.

가장 흔하게 사용할 수 있는 악기는 바로 악기의 왕, 피아노입니다. 피아노는 화음을 가장 쉽고 빠르게 낼 수 있는 악기입니다. 누르기만 해도 소리가 나기 때문입니다. 반주를 능숙하게 할 정도의 실력을 갖추고 있다면 작곡을 수월하게 시작할 수 있습니다. 하지만 화음 반주를 할 정도의 수준이 아니라 해도 너무 걱정은 마세요. 작곡가들 중에서도 피아노를 잘 치지 못하지만 멜로디를 먼저 만들고, 후에 미디나 다른 사람의 연주를 입혀 완성하는 분들이 많답니다.

다음으로 활용할 수 있는 화성악기로는 기타나 우쿨렐레를 들 수 있습니다. 이 악기들도 얼마든지 코드반주가 가능하기 때문에 누구나 쉽게 작곡을 할 수 있습니다. 피아노, 기타, 우쿨렐레 등 화성악기를 연주하는 사람 중에서 싱어송라이터가 많은 까닭도 이 때문입니다.

둘째로 코드를 아는 것입니다. 2~3개 여도 괜찮습니다. 2~3개만 가지고도 충분히 곡을 완성시킬 수 있기 때문입니다. 세계를 열광시키는 한류의 주역 BTS 곡 중에서 〈Euphoria〉라는 곡을 아시나요? 이 곡은 단순한 3개의 화음이 계속 반복합니다. G코드 - A코드 - Bm코드 딱 3가지입니다. 단순한 코드가 반복되는 구성이지만 그 안에서 멜로디와 패턴을 변화시켜 곡을 지루하지 않게 만들어주지요.

우리 아이들도 초등학교 음악 시간에 3~4가지 정도의 화음을 배웁니다. 고학년 아이들은 7도 화음까지도 다뤄줍니다. 곡을 만들기에 충분한 음악지식은 학교에서 이미 배운 셈이지요.

요즘은 스마트폰 어플 중에서는 단순하게 허밍만 불러도 그 음을 따서 악보로 만들어주는 프로그램이 있습니다. 심지어 그 악보에 있는 노래를 보사노바, 락, 심지어 뉴에이지 등 장르별로 변환도 시켜줍니다. 파일로 출력도 하고 즉석에서 들어볼 수도 있습니다. 디지털 시대를 살고 있는 우리 아이들이 쉽게 작곡을 경험해볼 수 있을 것입니다.

셋째로 용기가 필요합니다. 학교에서 음악창작 시간에 학생들을 지도하다 보면 공통된 특징을 찾을 수 있습니다. 음악창작 활동에 자신감이 없다는 것입니다. 왜 그렇게 자신 없어 하는지 아이들에게 물어보면 대답은 의외로 간단합니다.

"혹시 했다가 틀릴까봐 못하겠어요."

"제가 만든 멜로디는 이상하고 안 좋은 것 같아서요."

하지만 이렇게 수줍어하는 아이들이 만든 노래는 의외로 창의적이고 아름다운 경우가 많습니다.

물론 음악을 전문적으로 배우고 나서 작곡을 한다면 좀 더 정교하고 완성도 있는 음악을 만들 수 있겠지요. 하지만 저는 음악을 전문적으로 배운 적이 없더라도, 만들어보는 과정을 경험해보는 것은 굉장히 중요하다고 생각합니다.

작곡 경험에서 실패는 없습니다. 내가 작곡한 곡이 당장은 마음에 들지 않더라도 계속 도전하다 보면 꽤 괜찮은 곡을 만들 수 있습니다.

어느 날 아이가 모르는 노래를 자기만의 가사로 자유롭게 부를 수도 있습니다. 혹은 배운 악기로 처음 듣는 멜로디를 칠 수도 있습니다. 그럼 아이에게 한마디 건네주세요.

"오!? 신선한데? 더 만들어봐. 듣고 싶어!"

닫는 글

평생 동반자이자 든든한 지원자인 사랑하는 아내, 지금의 나를 있게 해준 부모님, 하루하루 크는 게 아쉬운 두 딸(혜령, 혜린)과 두 아들(강훈, 성훈), 소울메이트이자 공동저자인 지훈, 출판기획서를 눈여겨보시고 발탁해준 지노출판사 도진호 대표님, 응원해준 동료 교직원들에게 진심으로 감사의 인사를 전합니다.

그리고 이 책을 완성할 수 있도록 끊임없이 저에게 영감을 준 친구 '음악'에게도 고맙다는 말을 전합니다.

— 저자 이준권

그저 작은 나만의 생각으로 멈춰 있었을 원고를 세상과 함께할 수 있게 도와준 준권, 나에게 항상 큰 버팀목이 되어주시는 부모님, 늘 격려와 아낌없는 지지를 보내주는 아내, 살아가는 의미와 방향을 찾게 해준 사랑하는 아들 이든, 가까이서 멋진 영감과 열정을 불어 넣어주는 공주교대부설초등학교 선생님들과 학생들에게 감사의 마음을 전합니다.

— 저자 정지훈

음악을 사랑하는 사람으로서,

음악교육을 전공한 사람으로서,

교직생활을 음악과 함께한 교사로서,

자녀를 모두 음악과 함께 키우고 있는 아빠로서,

자녀 음악교육에 대한 노하우가 담긴 안내서이자 반성이 담긴 자기성찰을 이 책 속에 담기 위해 노력했습니다.

인간은 음악을 통해 무한한 상상력과 창의력을 표현하며, 다양한 감성을 제공받습니다. 일례로 우리가 잘 아는 천재 아인슈타인은 "상대성 이론은 나의 직감에서 나왔고, 그 직감은 바로 음악에서 나왔다"라고 말하였죠. 그래서 4차 산업혁명의 붐 속에서 다시 한 번 강조되고 있는 것이 인문학, 철학, 예술(음악) 교육입니다.

이 책을 읽으신 분들은 틀림없이 음악을 사랑하고 자녀교육에 관심이 많은 분이실 겁니다. 꼭 자녀분이 음악과 평생 좋은 친구가 되길 바랍니다.

우리 아이 첫 음악 수업

초판 1쇄 2021년 2월 28일
초판 2쇄 2022년 5월 14일
지은이 이준권·정지훈 | **편집** 북지육림 | **본문디자인** 운용 | **제작** 제이오
펴낸곳 지노 | **펴낸이** 도진호, 조소진 | **출판신고** 제2019-000277호
주소 경기도 고양시 일산서구 중앙로 1542, 653호
전화 070-4156-7770 | **팩스** 031-629-6577 | **이메일** jinopress@gmail.com

ⓒ 이준권·정지훈, 2021
ISBN 979-11-90282-18-5 (03370)